960 年，陈桥兵变，
赵匡胤建立宋朝

1005 年，澶渊之盟，
开创宋辽百年和平

1115 年，完颜阿骨打建立金朝

1167 年，朱熹张栻岳麓会讲

979 年，北汉灭亡，
北宋统一战争结束

1079 年，苏东坡因乌台诗案入狱

1127 年，靖康之变，北宋灭亡，
南宋建立

编　者： 一米阳光童书馆成立于 2012 年 8 月，由几位志同道合的知名童书推广人和海归妈妈共同组建而成。童书馆以"每一本好书，都是照进孩子心中的一米阳光"为核心理念，用父母心，做平凡事，致力于用现代手法叙述传统故事，全力帮助每一位孩子爱上阅读，开启更加丰富的人生。

绘　者： 臾知文化手绘组，享誉国内的顶级手绘工作室，成立于 2015 年，团队成员来自游戏设计、壁画、影视、艺术品设计、舞台、雕塑、油画等行业，坚持精细化创作，致力于通过手绘方式为读者带来"革命性阅读体验"。

创作团队：

项目策划	刘祥亚
项目统筹	牛瑞华　张　娜　崔珈瑜
美术顾问	樊羽菲　支少卿　谢步平　王少波　程建新　徐　杨　申　杰　周　爽　邓称文
文字撰写	李智豪　沈仲亮　余瀛波　郭梦可　牛齐培　陈阳光　吴　梦

阅读建议

亲爱的读者朋友们，欢迎您打开这套书，走入中国历史文化的长廊，共同感受 5000 年中华文明的璀璨成果。为了便于大家阅读，特做出几点说明：

（1）此次历史文化之旅的起点是距今约 70 万到 20 万年之间的北京猿人，终点是 1912 年清帝退位。在几十万年的历史长河中，我们选择了 104 个专题，每个专题由两部分组成，第一部分是以手绘大图的形式进行历史场景的还原，第二部分是相关主题的知识问答（每个专题分设了 8~10 个小问题）。

（2）每个历史场景都像一个展览橱窗，展示了中国历史上的高光时刻，在欣赏画面的同时，还可以关注画面四周的文字，我们设置了许多与历史事件相关的知识点、兴趣点和思考点，家长陪伴孩子阅读和对画面进行讲解的时候，可以参考这些内容。

（3）专题知识采用一问一答的形式，在设置问题的时候，我们充分考虑了孩子的认知水平和兴趣点，并针对全国十余所中小学的学生做了上万份调查问卷，力求站在孩子的角度问出他们最感兴趣的问题，并用孩子听得懂的方式进行解答。

（4）每个专题既相对独立，又有时代上的联系性，可以作为随手翻开的历史百科书。我们在每册的开篇还设置了"历史长河站点示意图"，读者朋友们可以通过这个示意图查看每个主题的位置和关联。

图书在版编目（CIP）数据

唐宋变革 / 一米阳光童书馆编；臾知文化手绘组绘 . -- 北京：北京联合出版公司，2020.12（2024.4 重印）（手绘中国历史大画卷）

ISBN 978-7-5596-3801-4

Ⅰ.①唐… Ⅱ.①一… ②臾… Ⅲ.①中国历史—唐宋时期—儿童读物 Ⅳ.①K240.9

中国版本图书馆 CIP 数据核字 (2020) 第 188210 号

手绘中国历史大画卷5：唐宋变革

编　　者：	一米阳光童书馆
绘　　者：	臾知文化手绘组
出 品 人：	赵红仕
选题策划：	阳光博客
责任编辑：	周　杨
封面设计：	阳光博客+李昆仑

北京联合出版公司出版
（北京市西城区德外大街83号楼9层　100088）
北京联合天畅文化传播公司发行
天津创先河普业印刷有限公司　新华书店经销
字数166千字　787毫米×1194毫米　1/8　8印张
2020年12月第1版　2024年4月第4次印刷
ISBN 978-7-5596-3801-4
定价：798.00元（全8册）

一米阳光童书馆◎编　　　臾知文化手绘组◎绘

手绘中国历史大画卷 5

——唐宋变革——

北京联合出版公司
Beijing United Publishing Co.,Ltd.

目录

科举考试

科举制度开始于隋朝，发展于唐、宋，鼎盛于元、明、清，清末1905年被废除，前后一共延续了1300多年。尽管明清后期陷入八股文的窠臼，但科举依然是古代社会相对公平、公正的人才选拔制度。

科举考试以名列第一者为『元』，其中殿试第一称状元。想知道这个名称的由来吗？快去后文中寻找答案吧！

贡院

皇榜

落榜生

科考落榜生中也不乏才华横溢之人，比如诗人张继，据传，他就是在落榜后写下了流传千古的《枫桥夜泊》。画面中有4个愤愤不平的落榜生，快找到他们！

你知道贡院是什么地方吗？唐代科举由尚书省礼部主持，地点在礼部南院的贡院，贡院也成了历代开科取士的地方。有两个人争执起来了，他们在哪儿？

状元

糟糕！有一个小偷趁着考生们都在专注地看榜，竟然在大庭广众之下偷东西！快抓住这个可恶的家伙！

科举时代，应考者一般被称为"赶考者"，他们必须跨过"四大步"——童试、乡试、会试、殿试，才有机会到达顶峰——考取"状元"，真是太不容易了！

3

←← 科举之前，各朝各代是如何选拔官员的？ →→

隋朝实行科举制度之前主要有三种选官形式：世袭、察举与荐举。在周代，官位主要依靠"世卿世禄"制度，由统治集团内部成员依靠宗法制和血缘关系来世袭领有。

两汉时期，选官制度主要为"察举制"和"征辟制"。其中，察举制以权贵与地方官员举荐为主，考试为辅，考试基本不存在落榜；征辟制以皇帝和各级官僚直接选拔官员为主。一般没有门路的布衣平民，几乎没有被察举和征辟的可能性。

魏晋南北朝时期，选官制度以"九品中正制"为主。这一制度是察举制的改良版，将察举由地方官负责改由中正官（掌管对某一地区人物进行品评权力的官员）负责。但世家大族常常影响中正官考核人才，后来甚至仅以门第出身定品，导致"上品无寒门，下品无士族"。

科举因何而得名？

科举制度因为采用分科取士而得名。

科举制度是封建时代相对公平的人才选拔形式，它吸收了大量出身中下层的人才进入政府系统，提升了国家管理水平，促进了文化传播和发展，唐宋时期文化的繁盛也和它有很大关系。不过，明朝中期形成八股文后，从内容到形式对读书人的思想限制都越来越严，科举制度逐步走向僵化，并在一定程度上压制了文化的发展与科学的进步。

中国科举博物馆

唐代科举有多少科目？

唐初，科举考试科目繁多，常设的科目有秀才、明经、进士、明法、明书、明算、一史、三史、开元礼、道举，等等，其中难度最高的是秀才科，因为士人很少应试，很快就被废除了。此后，"秀才"成为对一般读书应举者的通称。

吸引最多考生的是明经、进士二科，其中明经科取士较多，但最荣耀的还是进士科。因为明经科主要测试考生对儒家经典的掌握情况，而进士科要经过杂文、帖经、策问三场考试，含金量更高。

还有一些专业人才选拔考试，比如明法（法律人才）、明算（财务人才）、明书（书法）等。另外，武则天时期还设立了武举，主要用于选拔军事人才。

除这些"常科"考试外，唐代还保留了一项始于汉代的制度——"制科"，即皇帝临时设置科目，以考选人才。这种临时下诏的"制科"科目多达100多个，如"贤良方正能直言极谏""军谋宏远堪任将帅"等。应制科试者可以是平民，也可以是科举及第者，现任或罢任官员都可以参加。唐朝科举不分世庶，向全社会开放，的确吸收了不少寒士进入政权。

考篮，是士人应科举入场时所携带的专门用来盛放各种考具、食物等物品的篮子

为什么"进士科"成了科举的代名词？

进士科始于隋朝，唐代纳入"常科"范畴，考试的内容涵盖经学、时务策、诗赋。进士科在唐代最受重视也最难，取人也最少，一般每次只取二三十人，仅是明经科的十分之一，因此最为尊贵，位列各科之首。唐人有谚云："三十老明经，五十少进士。"意思是说30岁考上明经科，已经算是年纪大的，而50岁登进士第，尚属年轻。可见，进士科有多难考。

到了宋朝，常科的科目比唐大为减少，其中进士科仍然最受重视，进士一等多数可官至宰相，所以宋人称进士科为"宰相科"。进士科之外，其他科目总称诸科，而且宋朝以后诸科大多仅存空名，所以进士科逐渐成了科举的代名词。

第一任状元和最后一任状元分别是谁？

科举考试以名列第一者为"元"，乡试第一称解元，会试第一称会元，殿试第一称状元。

状元起初称为"状头"，在唐朝参加考试的士子，经由各州贡送到京城，在应试前需递送"投状"，类似今天考试报名时填写资料的情形。考试结束之后，将最高的成绩放在最前面，就

平遥古城墙上的《放榜报喜图》

状元及第匾额

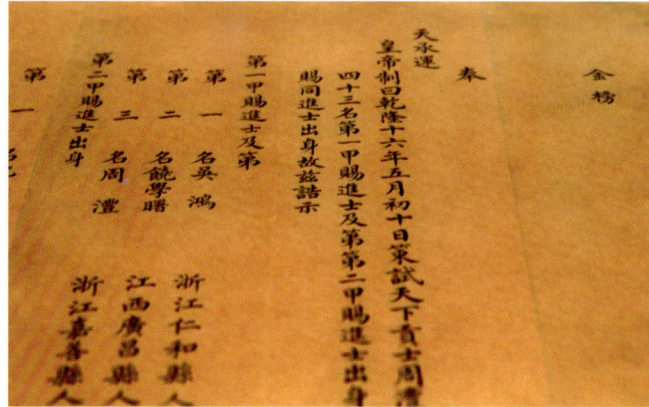
清代乾隆时期的殿试名单——皇榜，又称金榜，"金榜题名"的说法也一直沿用至今

末代状元刘春霖的考卷

另外，宋代也扩大了录取范围，平均每年取进士数是唐朝时的十几倍。进士分为三等：一等称进士及第，二等称进士出身，三等赐同进士出身。

而且，宋太祖增设了殿试环节，973年（北宋开宝六年）后，天子亲临殿试变成了定制，皇帝成了选拔人才的最终决定者，科举出身的人也自然变成了"天子门生"。

叫作"状头"，也叫状元。到了明清两代，殿试一、二、三名的名称分别为"状元""榜眼""探花"，合称"三鼎甲"。

历代王朝选拔的有姓名记载的文状元有654名，武状元有185名。其中第一位科举状元，是622年（唐高祖武德五年）的孙伏伽（今河北故城人）；最后一位状元是1904年（清光绪三十年）的刘春霖（今河北肃宁人）。

在宋代，为什么科举出身的人又被称为"天子门生"？

相比唐代，宋代的科举基本取消了考生的资格审查，除了流放的罪犯和贱籍，大多数人都可以参加科举考试，所以出现了很多"朝为田舍郎，暮登天子堂"的奇迹。宋代很多文豪大家，比如范仲淹和欧阳修，都是出身贫寒，通过科举考试一举成名的。

什么是八股文？

到了明清两代，科举的内容和形式越来越僵化，比如，"科举必由学校"制度，就是参加乡试的士人必须是官办学校的生员。

说到明清科举，不得不提八股文。八股文每篇由破题、承题、起讲、入手、起股、中股、后股、束股八个固定段落组成，僵硬死板，束缚思想，唯一用途就是考科举，除此之外，没有任何实用价值，以至于出现了鲁迅先生笔下"孔乙己"式的人物。

为什么要废除科举？

鸦片战争后，欧美国家凭借船坚炮利打开了清朝大门，而面对困顿落后的局面，科举所选拔的旧式人才却少有应对之法。随着新式学堂、新式科目的出现，以及派遣留学生等措施，更突显了旧式科举的不合时宜，于是主张废除科举的声音也越来越多。

1905年（清光绪三十一年），清政府正式宣布停止所有科举考试，科举制度正式结束。

云居寺石经

位于北京房山的云居寺因刻经而建寺，寺内不仅刻藏有自隋末至明清的上万块石经，还保留了1000余部佛经，素有"北京敦煌"的美誉。

盛唐时期石经之所以能取得巨大成就，离不开一位女道士，她就是唐玄宗的胞妹金仙长公主。

石经中以唐、辽、金三代所刻数量最多，其中辽刻尤具特色。所以，对石刻充满兴趣的，不仅有中原的王室成员、僧人、居士，还有很多少数民族人士。画面中就有几位胡商在为眼前的石刻赞叹不已呢。

有一个人第一次看到刻经场面，十分好奇，瞧，他使劲地伸长脖子想看得更仔细呢！

僧道同行

金仙长公主

雕刻经文
的僧人

侍卫

胡商

←← 云居寺是什么时候修建的？ →→

云居寺位于北京西南的房山区境内，前身是隋朝的智泉寺。605—616 年（隋大业年间），中国佛教天台宗第二祖师慧思的弟子静琬秉承师训，在白带山（今石经山）开创了石经刊刻事业，到 631 年（唐贞观五年），为了满足刻经的需要，静琬在白带山下大规模修建庙宇，并把寺院重新命名为"云居寺"。

房山云居寺

云居寺内的金仙公主塔

为什么要刻经？

在北魏太武帝和北周武帝时期曾有过两次"灭佛运动"，这两次法难使得僧人非常忧虑，所以，静琬发愿刊造十二部佛经于石板之上，由此开启了绵延千年的云居寺刻经事业。

云居寺石经开刻于隋朝，到了唐玄宗时期，金仙长公主曾大力资助和扶持刻经事业。云居寺也因经而贵，成了当时的佛教圣地。

金仙长公主是谁？

金仙长公主（689—732 年），为唐睿宗李旦第八女、唐玄宗李隆基的胞妹。公主自幼丧母，备受宠爱，初封西城县主，710 年李旦登基后，她被进封西城公主，后改封金仙公主（唐代亲

王女封县主，帝女封公主，所以公主的封号也随着父亲李旦身份的变化而变化），玄宗继位后，她又以皇帝妹妹的身份进封为长公主。

金仙长公主博览百家，喜好老庄之学，少年时便想要独身修仙。她 18 岁入道，度为女冠（guān），法号无上道，以道士史崇玄和叶法善为师。金仙长公主用自己的特殊身份为刻经事业争取了珍贵的经卷与不菲的资金，同时皇家的支持也激发了寺院刻经的热情。

730 年，金仙长公主奏请唐玄宗御赐云居寺经卷 4000 余卷，并将寺旁麦田、果园及环山林麓赐给该寺作为永久性寺产，以助刻造佛经及日常费用。

云居寺僧人特于石经山顶的石塔上刻下铭文，这座石塔世称"金仙公主塔"，现在仍完好地立于石经山顶。

金仙长公主明明是道家，为什么热衷于刻佛经？

不仅仅是金仙长公主，当时有很多道士和女冠都参加了刻经事业，他们的名字都出现在了刻经的题记上。

多种宗教共存是唐代宗教信仰的一个独特之处，这与当政者的提倡有很大关系。比如，唐玄宗本人在儒、释、道三教上都有很高的修养，他不仅注释了佛家的《金刚经》，还注释了道家的《道德经》和儒家的《孝经》。

在唐代的普通家庭里，也出现了多教并存的现象，比如，唐玄宗时期青城山道士刘知古的兄长学的是儒家经典，弟弟修的是佛教，最后出家于武担山静乱寺。有意思的是，刘知古还曾在太清观的静思院画了老子、孔子和释迦牟尼三位圣人的画像。

儒、释、道三家并存

什么是"大藏经"？

云居寺是历经千年的佛教圣地，所藏石经也是我国现存规模最大的"石刻佛教大藏经"。

"大藏经"是佛教典籍丛书，又名一切经、契经、藏经或三藏。内容包括经（释迦牟尼在世时的说教以及后来阿罗汉及菩萨的说教）、律（释迦牟尼为信徒制订的仪轨规则）、论（关于佛教教理的阐述或解释）。佛教传入中国内地以后的千余年间，仅经录就有近 50 种，流传 20 余种。

房山云居寺石刻佛教大藏经，略称房山石经，包含了《华严经》《大般若经》《大宝积经》《大都王经》等部，是佛教石经中规模最大、历史最久的文化珍品。

福州开元寺展出的大藏经残页

刻经事业后来为什么中断了？

唐代后期，佛教寺院土地不输课税，僧侣免除赋役，佛教寺院经济过分扩张，不仅损害了国库收入，也与普通地主存在利益矛盾。再加上唐武宗崇信道教，深恶佛教，于是采取拆寺、没收寺产、迫令还俗等一系列措施毁佛，政府从中得到大量财物、土地和纳税户。因唐武宗年号"会昌"（841—846 年），故佛教徒又称之为"会昌法难"。

会昌法难中，云居寺横遭劫难，衰败下来，后虽得恢复，但唐末至五代的战乱也使石经刊刻被迫停顿下来。

刻经事业是什么时候再度兴盛的？

唐朝灭亡之后，中国又进入了一个短暂的分裂时期（"五代十国"），云居寺所属的幽州并入了辽国的版图。辽国的皇帝和贵族崇信佛教，云居寺也日渐兴盛。

1005 年的澶渊之盟，辽宋化干戈为玉帛，幽州也日渐稳定。1027 年，辽圣宗同意了涿州刺史韩绍芳恢复刻经的请求，划拨了大量的刻经经费，又委派僧人可玄提点镌修，勘诣刊谬，补缺续新，重启辽代大规模的刻经事业。

后来，金代续刻了辽代开始的《契丹大藏经》，并保存完好。明初对云居寺采取了保护措施，但未见续造石经。明代宣德年间，全真教和正一教的代表人物仿效前人，刻了道教《玉皇经》等存入藏洞。万历至崇祯年间，还有一些官僚居士，如葛一龙、冯铨、董其昌等人集资造刻石经。

在一代代人的共同努力下，明末，房山石经刻造事业最终完成。

北宋赵光辅《番王礼佛图》，现藏于美国克里夫兰艺术博物馆，画中描绘了少数民族酋长、番王们朝拜佛祖的场景

房山石经的意义何在？

房山石经是我国石刻佛经的集大成者，15000 余石经文所涵盖的古文献是石刻艺术的宝库，也是以石刻形式保存下来的汉文佛教大藏经最古老的版本。此外，它留存下来的 6800 余条刻经题记，又见证了隋唐至元明千余年的历史变迁及当地佛教僧众的信仰生活。

云居寺因房山石经而享有"石刻长城""北方巨刹"的美誉。此外，房山石经为宗教学、文献学、金石学、美术、书法、石刻艺术以及中国古代政治史、社会经济史等多种学科的研究，都提供了珍贵的第一手资料，它既是中国古代人民创造的文化奇迹，也是世界文化的珍贵遗产。

房山石经后来怎么样了？

1942 年，当日本战机投掷的炸弹将千年古刹云居寺夷为平地时，云居寺藏经阁内的经书都化为了灰烬，但在石经山上的藏经洞和云居寺南塔地基下的石经地宫内，千百部佛经却被完整保存了下来。

1961 年 3 月 4 日，中华人民共和国国务院公布第一批全国重点文物保护名单，把房山云居寺和石经列为全国重点文物保护单位，此后还采取了一系列措施对石经进行保护。

1999 年，云居寺正式恢复宗教活动，重现昔日风光。后又在石经山藏经洞的原址上改建了一座现代化地宫，2000 年再次将石经回藏于窟，并采用恒温恒湿等科技手段加以妥善保护，尽可能延长石经的寿命。

石经山藏经洞

马嵬驿之变

　　安史之乱爆发的第二年（756年），唐玄宗李隆基仓皇逃至马嵬（wéi）驿，随行将士发生哗变，杀死权臣杨国忠，并逼迫唐玄宗赐死贵妃杨玉环。马嵬驿既是唐玄宗的伤心地，也是大唐帝国的转折点。

陈玄礼是禁卫军统领，可以说是玄宗最信任的人，却成了兵变的主要发起者。

马嵬驿

杨玉环

高力士

与父亲李隆基相比，太子李亨的帝王生涯要短暂许多。在位6年间，他被历史所铭记的最大功业就是平定安史之乱。

杨贵妃爱吃荔枝尽人皆知。你知道吗？当时从盛产荔枝的岭南到长安，路程约有 2100 千米，就算用驿卒快马传递，至少也要十天半的时间呢。

陈玄礼

唐玄宗

太子李亨

杨国忠

在古代，白绫常被君王赐予罪臣自裁。有人认为，杨贵妃就是被高力士带到佛堂用三尺白绫缢死的。

琵琶在唐代非常流行，在当时的乐队中处于领奏地位。诗人白居易在其名篇《琵琶行》中曾这样描述琵琶的演奏效果："大弦嘈嘈如急雨，小弦切切如私语。嘈嘈切切错杂弹，大珠小珠落玉盘。"

为什么说马嵬驿是唐玄宗的伤心地？

马嵬驿（今陕西兴平境内），又叫马嵬坡，是唐代长安附近的驿站。755年，安禄山借口讨伐杨国忠发动叛乱（历史上称为"安史之乱"）。第二年，叛军攻陷潼关，长安危在旦夕，唐玄宗决定逃往四川避难。

当玄宗逃亡的队伍行至马嵬驿时，将士们又累又饿，加上天气炎热，他们纷纷拒绝继续前进。此时，太子李亨、宦官李静忠和禁卫军统帅陈玄礼一致认为，除掉杨国忠的时机已经成熟，于是陈玄礼出面对将士进行煽动，称这场叛乱皆因杨国忠而起，杀了杨国忠就能平息叛乱。将士们随即哗变，乱刀杀死了杨国忠。

将士们还提出，杨贵妃是杨国忠的妹妹，留下她会让众将士难以心安。为求自保，玄宗只得忍痛赐死杨贵妃，这场兵变方才平息。

马嵬驿是唐代丝绸之路西出长安的第一个驿站，今天的马嵬驿景区位于陕西兴平市西约10千米的李家坡村

杨玉环为什么会成为牺牲品？

杨玉环天生丽质，又善歌舞，通音律，被后世誉为中国古代四大美女之一。她本是玄宗儿子寿王李瑁的妃子，却被玄宗看上，通过先出家再还俗的方式让她入宫，后册封为贵妃。杨玉环入宫后，以其妩媚的外表和过人的音乐才华，受到玄宗的百般宠爱。

随着杨贵妃的得宠，其姐妹封夫人，兄弟赠高官，杨氏家族也逐渐招摇膨胀，享乐无度，引发诸多不满。她的族兄杨钊本是一介市井无赖，也得以入朝为官，被玄宗赐名国忠，一年不到竟身兼十五职。杨国忠后来还继任宰相，同时身兼四十多个职务，专权误国，败坏朝纲，而他与安禄山的矛盾也最终导致了安史之乱的爆发。

权力争夺之下，原本不问朝政的贵妃杨玉环成了替罪羊，被看作是红颜祸水，并最终无辜身死。

众所周知，唐代以丰满健康为美，这个唐代的彩绘陶贵妇俑神色安逸，体态丰满，充分展示了当时的审美潮流

杨国忠进奉银铤（tǐng），是杨国忠献给皇帝的税银，现藏于河南博物院。自唐以来，银铤作为古代的流通货币，被国家储备、民间窖藏，甚至作为上供、进奉的礼品，大多錾（zàn）有铭文和标记

安禄山夺位成功了吗？

安禄山（703—757年）原本是个卑微的胡人，而且是混血儿——他的生父康某是粟特族人，母亲则是一个突厥巫婆。据说他是母亲向战神轧荦（luò）山祈祷所得，所以名禄山（轧荦山的汉译）。

安禄山精通九蕃语言，开元初年成为唐朝将领张守珪的部将和义子，因骁勇善战而屡建功勋，官至平卢兵马使、营州都督。天宝年间，他因善于钻营贿赂大臣，深得玄宗信任，平步青云，兼任平卢、范阳和河东三镇节度使（唐代开始设立的地方军政长官），受封东平郡王，镇抚东北地区。

755年，他在范阳起兵，随后一路势如破竹，攻破洛阳、长安两京，建立了大燕政权。

但安禄山因为过于肥胖，晚年失明，性情凶狠暴戾，又宠爱幼子，引发嫡子安庆绪不满。757年，安庆绪指使宦官李猪儿害死了安禄山。

为什么会爆发安史之乱？

杨国忠与安禄山都是天宝年间的新贵，同样受到玄宗的宠信。但是，安禄山一人独掌三大兵镇，根本不把杨国忠放在眼里。杨国忠接替宰相后，为了压制安禄山，便经常在玄宗身边煽风点火，声称安禄山有谋反的野心和迹象，阻拦玄宗封安禄山为宰相。几番过招后，安禄山与杨国忠的矛盾日益尖锐激烈，安禄山久怀异志，加上手握重兵，又目睹唐王朝的腐败缺陷，最终发动了以讨伐杨国忠为名，行夺取皇位之实的叛乱。

这场叛乱从755年持续至763年，因为是由安禄山与史思明二人为主发起的，遂被冠以"安史之乱"之名。

安史之乱的原因是多方面的。开天盛世晚期，承平日久，唐玄宗逐渐丧失了向上求治的精神，耽于享乐，宠幸杨贵妃，国政先后交由李林甫、杨国忠把持，而节度使率重兵镇守边地，尾大不掉，逐渐出现凌驾中央之势，这些都让安禄山有了可乘之机。

兵变之后，唐玄宗去了哪儿？

安禄山叛乱时，玄宗本想将皇位禅让给太子李亨，但马嵬驿兵变后，李亨被认为是主谋，使玄宗大受打击。随后，玄宗便与太子分道，玄宗继续向南奔赴四川，李亨则向北收拾残兵败将。不久，李亨就在灵武（今宁夏灵武西南）自行宣布即帝位（即唐肃宗），改元至德，遥尊玄宗为太上皇。

757年，安禄山被杀，玄宗由成都返回长安，居南内兴庆宫，称太上皇，不再过问政事。后来，肃宗为防止他与外界交流，将其迁居西内，另选侍从，使得玄宗晚年忧郁寡欢，十分凄惨。762年，唐玄宗驾崩，终年77岁。

唐·李思训（一说李昭道）《明皇幸蜀图》
所谓"明皇幸蜀"，指的就是安史之乱时，玄宗放弃首都长安，迁至四川避难的情形

在唐代兴庆宫遗址上修建的兴庆宫公园

知识拓展：杨贵妃的死亡之谜

杨贵妃之墓就位于今天的马嵬驿，但是关于她的死因，却存在很多说法。据《旧唐书》"杨贵妃传"记载，她的死因是"遂缢死于佛室"。但是从一些唐诗的描述中，比如杜牧的"喧呼马嵬血，零落羽林枪"等来看，有人认为杨贵妃是被乱军杀死于马嵬驿的。除此之外，还有吞金而死的说法。

甚至还有一种民间传说，当年在马嵬驿死去的其实是一个侍女，杨贵妃本人则在陈玄礼亲信的护送下扬帆出海，最终到达了日本，并在那里安度余生。

杨贵妃墓

安史之乱是如何平定的？

肃宗李亨任用郭子仪、李光弼等平叛，历时甚久，其间安禄山集团内部也冲突不断。安禄山被其子安庆绪所杀，安庆绪登基后又被部将史思明所杀，史思明后来又被其子史朝义所杀。

762年，肃宗去世，新继位的代宗李豫启用唐将仆固怀恩为朔方节度使、河北副元帅，统兵进军洛阳。朔方军与回纥军一起攻击叛军，叛军战败，史朝义率数百轻骑向东逃走。收复洛阳城后，仆固怀恩率朔方军追击史朝义，连连取得大胜。

第二年春天，史朝义部将田承嗣投降，将史朝义的母亲及妻子献给唐军做人质，史朝义又率五千骑逃往范阳。结果，这时的范阳守将李怀仙也献城投降，史朝义无路可走，于林中自缢而死，其余部分叛将投降，历时七年两个月的安史之乱结束。

安史之乱对唐王朝的影响有多大？

安史之乱后，藩镇割据之势愈加明显，中央权力被极大削弱，战乱让很多人流离失所，劳动力严重不足，国家的根基均田制和府兵制更是难以为继，日渐衰落的唐王朝再无力量约束周边少数民族，导致边防空虚。首都长安多次陷落，而且，战乱中大量北方人士南渡，使得经济中心进一步南移，朝廷命脉系于南方财政。

种种变化，使唐王朝由盛转衰。尽管安史之乱以后唐王朝又存续了130多年，但作为世界中心的大唐气象已经不复存在了。

藏獒是一种性情凶猛的大型犬，相传很早以前就被吐蕃军队作为军犬使用。据说，当年吐蕃军队能攻陷长安，就是靠藏獒当先锋。看，回纥军中这两条咆哮的藏獒，是不是让人望而生畏？

郭子仪单兵退敌

　　郭子仪是唐朝名将，他军功显赫，曾在安史之乱及后来的动荡中立下汗马功劳。765年，仆固怀恩造反，引得吐蕃、回纥等多路大军来犯。郭子仪勇闯敌营，向回纥首领晓以大义，最终成功退敌。

郭子仪为什么没有选择劝降吐蕃呢？这是因为吐蕃是唐朝最头疼的边患，曾两次攻陷唐都长安。

郭晞

郭子仪

药葛罗

你注意到了吗？郭子仪来见回纥首领的时候既没有穿兵甲，也没有带武器，充分展示出了自己的果敢和诚意。

这个回纥士兵的脸上为什么露出了为难的表情？找到他所在的位置吧！

药葛罗是当时回纥军的首领，十分佩服郭子仪的神勇。当郭子仪来到回纥军面前时，他立刻率领回纥将领们一起向郭子仪拜倒。

回纥营帐

回纥军

藏獒

回纥其实一直和唐王朝保持着紧密的政治、经济和文化往来。瞧，画面中这个回纥人的穿着跟唐人是不是很相像？

俗话说，上阵父子兵。在郭子仪多年的戎马生涯中，他的三儿子郭晞时常伴随在其身边，并因骁勇善战而屡立战功。

郭子仪有哪些军功？

郭子仪（697—781 年），唐代中兴名将，早年以武状元的身份入仕，但一直未受重用。直到安史之乱爆发，郭子仪于守孝期间被朝廷"夺情"（按照古代的儒家传统观念，朝廷官员在位期间，如若父母去世，必须辞官回到祖籍，为父母守制 27 个月，但是为了应对特殊情况，有些官员可以不必去职，以素服办公，这就是"夺情"，意思是国家夺去了孝亲之情）起用，收复河北、河东，与广平王李俶（chù），即后来的唐代宗李豫一起收复西京长安、东都洛阳。安史之乱后，吐蕃入寇，郭子仪又计退吐蕃，二复长安。可见，郭子仪是名副其实的平叛功臣。

郭子仪戎马一生，胸怀坦荡，不仅立下赫赫战功，还善于从政治角度处理问题，在险恶的官场上得以全功保身，可以说是文武兼备，忠智俱全。他屡遭谗言而进退有度，天下无事时，郭子仪移交权柄，坦然离去；国家有难时，他毫无怨言，挺身而出。

郭子仪画像

什么是武举？

702 年，武则天开设了"武举"科，选拔有武艺的人进入军队。唐代的武举科目主要有长垛、马射、马枪、步射、负重等。郭子仪是武状元中最著名的代表，他既是历代武状元中唯一官至宰相的，也是军功最显著的。

历朝的武举时而被废，时而恢复，而武举出身的进士地位也往往低于文科出身的进士。到了明清两代，武举开始兴盛，特别是在清代，国家大力提倡练武，选拔制度日益严密，录取相对公正。因此，民间习武者都争先恐后地参加武举考试。

中国科举博物馆馆藏的武举石
武举石，即练武石，是古代武举考试期间，武举人练武锻炼所用

单兵退敌发生在什么时候？

765 年，仆固怀恩假称唐代宗、郭子仪去世，引吐蕃、回纥等部数十万人来犯，一直打到长安北面的泾阳（今陕西泾阳），当时已年近古稀的郭子仪奉命驻守这里。由于泾阳兵少，他命部下严加防守，不要出战，又派部将前往回纥军营中，说服回纥与其联手，共同讨伐吐蕃。

安史之乱中，回纥曾与郭子仪率领的唐军一起平叛，并深为其折服。回纥首领听说郭子仪仍健在，便提出要与他相见。郭子仪不顾个人安危，骑着一匹马直闯回纥大营，对其首领药葛罗则晓以大义，喻以利害，不仅成功离间了回纥与吐蕃的关系，还反化回纥为盟军，双方约定共同对付吐蕃。吐蕃军得知唐回结盟的消息，连夜撤兵回国，一场迫在眉睫的大战就这样烟消云散。

吐蕃花叶纹金饰片

为什么说仆固怀恩不是真心谋反？

仆固怀恩（？—765 年），复姓仆固，字怀恩，铁勒族人。安史之乱爆发后，他曾跟随名将郭子仪入关作战，骁勇果敢，屡立战功。他为了让回纥同意借兵平叛，将自己的两个女儿嫁到回纥和亲，其家族 46 人死于国难，可谓满门忠烈。

安史之乱平息后，君臣之间的信任危机逐渐升级。经此一乱，李唐王室愈加宠幸宦官，再也无法信任武将，朝廷将平叛功臣郭子仪、李光弼先后明升暗降地剥夺了兵权。见此情形的仆固怀恩，越发郁郁寡欢。

763 年（广德元年），仆固怀恩奉命护送自己的女婿和女儿（回纥的登里可汗和光亲可敦）回漠北，宦官监军骆奉先竟误信谣言，向朝廷诬告仆固怀恩与回纥勾结。仆固怀恩无法自明，进退两难，因害怕被杀，又不敢上朝明志，于是愤而举兵反抗。

后来，仆固怀恩暴死于灵武军中，吐蕃、回纥大军亦为郭子仪"击退"。代宗闻听消息后，遗憾地说："怀恩不反，为左右所误耳。"可见，在代宗心里，其实也更愿意相信仆固怀恩并非真心谋反，只是迫不得已才起兵。

回纥为什么要趁火打劫？

回纥人在唐代时生活在中国西北方，是维吾尔族人的祖先。这是一个马背上的民族，个个善骑精射。安史之乱爆发后，回纥太子叶护率领四千精兵，联合西域各国的援军一同南下，帮唐王朝平定了叛乱，对收复长安、洛阳、河北等地起到不可或缺的作用。

不过，回纥出兵并非出于为唐朝解围的大义，也有贪图报酬、趁火打劫的目的。据《资治通鉴》记载，肃宗曾与回纥约定："克城之日，土地、士庶归唐，金帛、子女皆归回纥。"回纥军攻下洛阳后，整整掠夺了三天，当地的百姓凑了上万匹锦缎给回纥人，他们才停止抢掠。即便如此，回纥撤军的时候，肃宗还大加赏赐，自此之后，每年都要向回纥缴纳两万匹绢布。

唐代回纥服装
中晚唐至五代，宫廷和贵妇中曾十分流行回纥服装。回纥装以暖色为主，尤其喜欢用红色，领、袖均缘阔边，特点是翻折领连衣窄袖长裙，衣身宽大，下长曳地，腰际束带

为什么长安城多次陷落？

自从安史之乱时，唐玄宗从长安匆匆逃往四川，开了国君不守国都的先例，唐代后来的皇帝大多遇乱先逃，长安屡屡被攻陷，出现了"长安六陷，天子九迁"的情况（六陷：756年安禄山叛军入长安，763年吐蕃入寇，783年泾原之变，881年黄巢入长安，885年李克用入长安，896年李茂贞入长安）。

长安的几次陷落，是由叛将、吐蕃、地方节度使、兵变、农民起义等多种因素叠加所致，或因潼关失守，或因敌军绕过潼关，或因有内部投叛通敌，或因朝廷军队人少质差不齐。长安城的数次陷落，让国都威信尽失，也加剧了唐王朝的衰落。

郭子仪为什么会"三起三落"？

"飞鸟尽，良弓藏，狡兔死，走狗烹。"战功卓绝的将领历来为封建君王所猜忌，郭子仪也不例外，他为唐朝平定安史之乱，两次收复长安，挽救朝廷于危难，却三次被解除兵权。

758年，朝廷发兵围困安史之乱叛军，但因没有主帅，郭子仪仅担任副帅，指令无法统一，战事反败，郭子仪承担兵败的责任，被解除兵权。

不久，太原、绛州又发生兵变，郭子仪临危受命，很快平叛。这时，肃宗病重去世，新君唐代宗继位后，听信奸人谗言，郭子仪又被解除兵权。

765年，吐蕃、回纥联兵内侵，郭子仪单骑退敌，威望可见一斑，此后，朝廷虽然给予他荣耀的名号，却始终有所猜忌，没有再让他掌握军权。

在山西有一部久演不衰、家喻户晓的戏剧《打金枝》，说的是唐朝名将郭子仪的儿子驸马爷郭暧（ài）打了金枝玉叶的升平公主，郭子仪将郭暧绑上大殿，向代宗请罪，代宗宽宏大量，并不计较，反而加封郭暧，后来，在一番调和下，郭暧和公主和好如初，一场风波得以圆满解决

郭子仪的晚年生活过得怎么样？

经过几次反复的释权和起用，郭子仪屡屡用实际行动表明了自己的忠诚，皇帝也明白了有郭子仪在，大唐江山才能稳固。在郭子仪第二次收复长安后，代宗就曾惭愧地对他说："用卿不早，以致落入这般地步。"

郭子仪晚年的为官之路不再跌宕，而且他的子婿皆位列高官，满门荣耀。唐德宗继位后，郭子仪被尊称为"尚父"。781年，郭子仪以84岁的高龄去世。

郭子仪一生经历了武则天、唐中宗、唐睿宗、唐玄宗、唐肃宗、唐代宗、唐德宗七朝，功高盖世，但又能保全自身。司马光在《资治通鉴》里这样评价郭子仪："天下以其身为安危者殆三十年，功盖天下而主不疑，位极人臣而众不疾，穷奢极欲而人不非之。"可见郭子仪作为一个军事家和政治家的成功之处。

清代木雕《郭子仪拜寿》

古代打仗主要是靠金、鼓之声和军旗来指挥部队，击鼓则进攻，鸣金则收兵，军旗则代表军心和方向。另外，旗子的数量多少还代表统帅的级别高低。

黄巢入长安

　　安史之乱后，唐王朝由盛转衰，社会矛盾异常尖锐，武装起义此起彼伏。其中，号称"冲天大将军"的黄巢声势日盛，成为起义军中势力最强大的一股力量，并最终率军攻克长安，登基称帝。

黄巢军刚进城时，宣称不会伤害百姓，行军队伍还时而慷慨解囊，将随身财物施舍给贫民。你能在图中找到这样的场景吗？

投降的唐朝官员

张直方

黄巢军施舍贫民

黄巢

四处逃窜的宗室和大臣

长安城内的百姓以为迎来了和平，纷纷对黄巢军表示欢迎，但是在黄巢军和唐朝军队对长安城的争夺中，这座曾盛极一时的繁华都市很快便惨遭劫掠和屠戮。

唐朝左金吾卫大将军张直方带着几十名文武官员，毕恭毕敬地来到灞上迎接黄巢。金吾卫大将军官阶为正三品，负责掌管皇帝禁卫、扈从等亲军。

初进长安城的黄巢意气风发，频频向百姓抱拳致意。抱拳和拱手在中国古代是常用的见面礼节，就像今天的握手一样。

围观的百姓

唐僖宗出逃，那些被弃于城中又不愿投降的宗室和大臣只能狼狈地四处躲藏。还记得唐朝官服的区分方法吗？猜猜看，图中这位老人的官阶可能是几品呢？

←← 为什么有人说黄巢是"半个读书人"？ →→

黄巢是唐末农民起义领袖，他出身盐商家庭，家境十分富足。他五岁就会对诗，但成年后却屡试不第，于是满怀愤恨地写下了《不第后赋菊》，一句"冲天香阵透长安，满城尽带黄金甲"，埋下了黄巢反叛朝廷、攻入长安的伏笔。

安史之乱后，唐王朝内有藩镇割据、宦官作乱，外有吐蕃、契丹骚扰边境，国家日益腐败，加之苛捐杂税压迫，百姓苦不堪言。唐僖宗乾符年间，关东（函谷关以东，主体是黄河下游的华北平原，今山东、河南境内）大旱，成群的盗贼呼啸相聚，黄巢趁机在曹州、濮州（山东古地名，位于今山东菏泽境内）发动起义，自愿追随他的饥民有数万人之多。后来，他和率先起义的私盐贩子王仙芝合流，声势大涨。王仙芝死后，起义军推黄巢为首，称其为"冲天大将军"。

黄巢雕像

中国四大关之一仙霞关，位于今浙江省江山市保安乡仙霞岭上，其中的仙霞古道为唐末黄巢起义军进军福建时所开辟，自古为兵家必争之地

黄巢为什么与王仙芝分道扬镳？

王仙芝和黄巢都是私盐贩出身，手里有人有钱，又大胆有谋，善于投机。王仙芝起义在前，给黄巢树立了榜样，之后黄巢响应王仙芝，合流之后他们两个都成了起义军的领导人物。

好景不长，在王仙芝因唐僖宗封官的诱惑而产生动摇时，没能受封的黄巢很不甘心，斥责王仙芝不讲义气，王仙芝在他和义军的反对声下才勉强没向朝廷投降。

两人冲突之后分道扬镳，王仙芝与黄巢分兵作战，义军势力被削弱，即使有短暂的合兵，风头也不及从前。

后来王仙芝在战斗中被杀。王仙芝死后，他的部分兵马投奔了黄巢，黄巢进而成为唐末起义中最大的一股力量。

黄巢是如何进入长安的？

黄巢率军前后转战十二省。占领广州时，黄巢曾想把此地作为与朝廷分庭抗礼的根据地，但那年疫病大流行，部下损伤许多，于是，他又杀回了中原地区。

唐僖宗李儇陵墓（靖陵）壁画

880年，黄巢掉头北上，一路高歌猛进，攻占洛阳，没几天又向关中挺进。坐卧不安的唐僖宗连忙命田令孜率神策军等十万大军驻守潼关。神策军都是长安豪富子弟，一听要出征，纷纷吓得抱头大哭，毫无斗志。

881年1月，黄巢大军攻至潼关，见唐军没有援军来，急速攻关，官军溃退，甚至变成乱军劫掠长安。黄巢一举破关，直捣长安。唐僖宗在神策军的护卫下，狼狈出逃，只有福、穆、潭、寿四王与部分妃嫔从行。不知道皇帝去向又来不及逃跑的文武百官，只能出城投降。

黄巢入长安后，宣称起义是为了百姓，并开仓放粮，稳定了长安的民心，随后登基称帝，建立大齐政权。

但由于黄巢军习惯于流动作战，占领过的地方也没有派兵留守，以至于进入长安城没多久，四周就被唐军占领，对长安形成围攻之势。

黄巢手下的大将朱温对战失利，又看到黄巢有落魄的趋势，转而投降唐军。唐王朝又召来西北地区沙陀贵族、雁门节度使李克用，李克用率领四万骑兵进攻长安。黄巢大败，只好撤出长安。

当黄巢军撤退到河南的时候，遭到朱温和李克用的围攻，损伤惨重。

884 年，黄巢退到泰山狼虎谷时，被唐军重重包围，他走投无路，只好拔剑自刎。

为什么朱温成了唐朝的终结者？

朱温（852—912 年），出身农家，却不愿从事生产，常以英勇豪雄自诩，乡里人多数对他很反感。

唐代节度使印章

875 年，朱温加入王仙芝和黄巢的起义队伍，先后参与了攻陷洛阳、长安的战争，因为表现突出，累升为东南面行营先锋使，黄巢还曾亲自为他劳军。882 年，黄巢任命朱温为同州防御使。

不久，朱温见黄巢大势已去，变节降唐，任河中行营招讨副使，被唐僖宗赐名"全忠"。883 年，为宣武节度使。884 年，与李克用等联兵镇压黄巢军。朱温统率他的旧部以及河中的兵士一起行动，所到之处战无不克。901 年，晋封梁王。

朱温极力扩张，逐渐成了唐末最大的一股割据势力。901 年，他率军进入关中，控制了唐王朝的中央政权。904 年，朱温用武力把唐昭宗逼迁洛阳，不久后将昭宗杀死，立他的儿子李柷（chù）为帝，即唐哀帝。

907 年，朱温通过禅让的形式夺取了唐哀帝的帝位，建立后梁，大唐王朝正式终结。

李克用称帝了吗？

李克用（856—908 年），本姓朱邪，沙陀部人（西突厥的一支），被唐朝皇帝赐姓李氏。李克用骁勇善骑射，15 岁从军，早年随父李国昌出征，常冲锋陷阵，军中称之为"飞虎子"，后来，他的一只眼睛失明，又多了一个外号"独眼龙"。

李克用父子开始并不得志，但在黄巢攻陷长安后，他们有了用武之地。李克用的沙陀军队善于骑兵作战，将黄巢打得落花流水，他也因此获封河东节度使。

河东是当时的第一大镇，这让朱温十分眼红。884 年，李克用讨伐黄巢后，路过汴州，朱温宴请了他，可是李克用趁酒醉大发脾气，惹怒了朱温。朱温趁李克用睡着放火烧房，想要置他于死地，但天降大雨，李克用侥幸逃脱。朱李两人就此成为死敌。

907 年，朱温代唐称帝后，李克用打着李唐宗室的旗号，仍用唐天祐年号，以复兴唐朝为

名与后梁争雄，历史上称李克用的政权为"后唐"。

李克用虽然一生未称帝，但五代中除了他的死敌朱温建立的后梁外，其余 4 个政权都与他的河东集团密切相关。后唐的建立者李存勖（xù），是李克用的亲生儿子；后晋的建立者石敬瑭，是李克用养子李嗣源的女婿，也是河东集团的大将；后汉的开国皇帝刘知远，本来是在李嗣源的麾下任职，后来追随石敬瑭，也属于河东集团出身；后周建立者郭威，是李存勖的亲军，后追随刘知远。

成都龙泉驿区赵廷隐墓出土的陶庭院。墓主人赵廷隐是后蜀的开国功臣，官至太尉，位列三公，这组陶庭院应该是按照他生前住所仿制的，房屋结构完整精致，具有典型的唐代建筑风格

知识拓展：唐朝灭亡的原因有哪些？

唐朝灭亡的根本原因，是安史之乱导致大唐国力由盛转衰，直接原因是藩镇割据和宦官弄权。

从唐高宗、武则天以来，唐朝的均田制渐趋破坏，流民、逃户成为严重的社会问题，为了解决这些问题，玄宗想出招募流民客户充军的办法，唐朝兵制逐渐从府兵制演化成募兵制，职业军人被府兵代替。再加上持续的扩张导致边防压力增大，需要在边疆设置常驻部队，由节度使进行统管。

安史之乱给唐朝带来的最大问题，就是各地节度使的势力逐渐强大，发展成一个个不听命于中央政权的小政权，形成藩镇割据的形势。

玄宗之后，唐朝的皇帝都较为无能，使国势一直在走下坡路，皇帝不再相信身边的将领，将保卫皇帝的禁军交于宦官管理。内有宦官乱政，外有藩镇割据，经济、政治难以从安史之乱中恢复，反而持续衰退，以至于唐末爆发了大规模的农民起义，黄巢成为其中顺利建立政权的代表性人物，给了唐王朝以沉重打击。

黄巢失败后，背叛他的朱温篡唐建立了后梁，但是其控制的范围也很有限，因为唐中后期的那些节度使还存在，一个个割据政权成为五代十国的开端。

五代十国时期的彩绘浮雕武士石刻

杯酒释兵权

据说，为了避免下属将领也效仿"黄袍加身"，宋太祖赵匡胤通过酒宴的方式迫使高级将领交出兵权，史称"杯酒释兵权"。政权稳固后，他又采取种种措施，扭转了唐末以来武夫专权、军阀混战的动荡局面，开创了"建隆之治"的局面。

轿子作为一种完全依靠人力的交通工具，在宋代得到了广泛的普及。你能在画面中找到这顶轿子吗？

繁华的城镇

宋太祖

石守信

宋太祖虽出身行伍，却颇好读书，即便在军营中，也常常手不释卷。因为对武人专权乱政的种种弊端有切身体会，他将重文抑武作为宋朝的基本国策，所以宋代也是知识分子最幸福的朝代。

从宋代开始，庙宇戏台开始成为普通百姓接受教育和享受娱乐的文化空间。找找看，戏台在哪里？

解甲归田的将领

重文轻武

赵匡胤的出身如何？

赵匡胤（927—976年）生于混乱的五代十国时期，父亲赵弘殷是后周护圣都指挥使，可谓是正宗的官宦世家出身。

赵匡胤生于洛阳，据说出生时天有红光，异香缭绕，所以小名叫香孩儿。长大后，他生得容貌雄伟，器度豁达，又精通武艺。据说，他游历时曾遇到一个善于看相的老和尚，老和尚将自己的全部财物都资助给了赵匡胤，还说他北上会有奇遇。于是，他投奔到了后汉枢密使郭威（后周太祖）帐下，结识了后来的周世宗柴荣，与之情同手足。柴荣继位后，赵匡胤与之对战北汉、南唐，有勇有谋，屡建战功，逐渐成为禁军的重要将领。

赵匡胤为人质朴豪爽，特别讲义气，与军中的各位将领都结拜成兄弟。不仅如此，他还特别喜欢读书，并因此结交了一批文人雅士。

959年，柴荣得到一块"点检作天子"的木牌。不久，柴荣病重，他逝世前将殿前都点检张永德换成了忠诚老实的赵匡胤。不过，赵匡胤显然辜负了柴荣的期待，陈桥兵变中，他以宋代周，成了宋太祖。

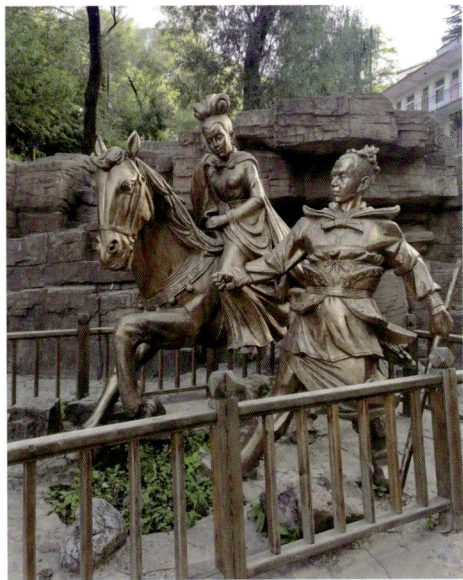

位于邯郸长寿村的赵匡胤千里送京娘塑像
冯梦龙《警世通言》中记载：五代时期的汴京好汉赵匡胤生性耿直，专抱打不平。一次，他触犯了皇帝，外逃避祸于太原清油观。闲游间，发现观中有一被强人掳来暂押于此的女子京娘。出于义愤，他不惧远途艰辛、强人出没，徒步千里，送京娘回到家中。而赵匡胤不近女色、见义勇为的美名从此传遍天下

赵匡胤是怎么当上皇帝的？

959年，周世宗柴荣去世，七岁的柴宗训继位（周恭帝），禁军最高统帅殿前都点检赵匡胤与禁军高级将领石守信、王审琦等结义兄弟掌握了军政大权。

960年初，传闻契丹兵将南下攻周，宰相范质等未辨真伪，急遣赵匡胤统率诸军北上御敌。周军行至陈桥驿，有将士说新皇帝年少无知，为他卖命得不到好处，不如让都点检赵匡胤当皇帝。于是，赵匡胤之弟赵匡义和心腹赵普等密谋策划，发动兵变，众将以黄袍披在赵匡胤身上，拥立他为皇帝。

随后，赵匡胤与将士约法三章，即：不得侵犯后周的太后和小皇帝，不得凌辱后周的大臣，不得掠夺百姓与国家的财产，并迅速率军回师开封。京城守将石守信、王审琦是赵匡胤的结义兄弟，在他们的迎接下，赵匡胤顺利入城。胁迫周恭帝禅位后，他随即在崇元殿行登基礼，当了皇帝。这一事件史称"陈桥兵变"。

陈桥驿壁照
陈桥驿遗址位于河南省新乡市封丘县东南部的陈桥镇。赵匡胤黄袍加身的地方就在陈桥镇的东岳庙里，如今里面还有大殿和部分房屋建筑、古井、碑刻等文物

为什么改国号为"宋"？

赵匡胤即位后，因曾任后周归德军节度使，而归德军的治所在宋州（今河南商丘），所以改国号宋，仍定都开封，年号改为"建隆"。

还有一种观点认为：商丘为春秋时期的宋国，而宋为商人后裔，赵匡胤定国号为宋，也是出于正统的考虑。

"杯酒释兵权"是怎么回事？

黄袍加身并非赵匡胤首创，后周太祖郭威就是这样当上皇帝的，所以赵匡胤登基后，觉得很不安稳，非常担心"黄袍加身"的剧情在自己身上重演。

据说，有一次退朝后，赵匡胤留下石守信、高怀德、王审琦、张令铎等高级将领一同饮酒。酒至半酣，赵匡胤对军将们说，他的皇帝做得不安稳，怕众将觊觎皇位，再来一次黄袍加身，即便这些结义兄弟没有非分之想，也怕他们的手下有异心。众将听罢，吓得纷纷离席叩头，请求太祖指点一条"可生之途"。赵匡胤借机表达了让他们放弃兵权，多积金钱美人，好好享受生

活，也使君臣两无猜疑的想法。

次日，手握重兵的一众军将纷纷称病请辞，赵匡胤一一敕（chì）准，并给予他们优厚的赏赐。此后，宋太祖当年执掌兵权的结义兄弟们的禁军职务全部被解除，从此再不授人。

位于河南省安阳市天宁寺内的文峰塔，建于952年（后周广顺二年）。后周太祖郭威（904—954年）崇尚节俭、虚心纳谏、改革弊政、严禁军队扰民，并将帝位传给没有血缘关系的妻侄柴荣，这一点在中国历史上绝无仅有

"杯酒释兵权"真的发生过吗？

"杯酒释兵权"的故事来源于宋人笔记，但在北宋史官修的《太祖实录》和《三朝国史》中却未见一字，因此有学者认为这件事并没有发生过。不过这则故事生动地反映了赵匡胤解除禁军将领权力的基本手段：用经济赎买，手段宽和，而不是采取政治迫害或暴力相夺。

"杯酒释兵权"是宋太祖为加强皇权，巩固统治所采取的一系列政治军事改革措施的开始，这一举措将禁军指挥权转移到皇帝手中，为政权的稳定打下坚实的基础，但也为北宋后期"积贫积弱"埋下了伏笔。

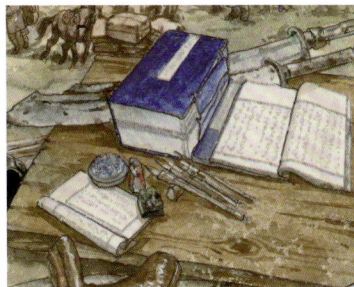

谁称得上是宋太祖的左膀右臂？

说起宋太祖的左膀右臂，那就不得不提到赵普的名字。

赵普（922—992年），出身底层官僚，为人淳厚，赵匡胤认为他非常有才能，即位前与之相交甚厚。960年，赵普助赵匡胤发动陈桥兵变建立宋朝，随后提醒他提防黄袍加身再演，并推动策划了"杯酒释兵权"。964年，赵普拜相，提出"先南后北"的统一战略，协助宋太祖削夺藩镇、罢禁军宿将兵权。他帮助宋太祖加强了中央集权，使得北宋重新实现了华夏主要地区的统一，使得饱经战火之苦的民众终于有了和平安宁的生产生活环境。

赵普学问不高，但做宰相时处事极佳，他自己认为是熟读《论语》的功劳，其"半部《论语》治天下"之说也成为以儒学治国的名言。

但是，赵普辅政相当专制，又私收贿赂，结交权臣，后被宋太祖逐渐疏远。宋太宗赵光义为即位皇帝的名分不正所苦，赵普提出"金匮之盟"，称曾见赵匡胤生前承诺母亲杜太后，日后将帝位传给赵光义，遗命藏在金匮中秘密保管，旋即再度拜相。在宋初的政局中，赵普虽有小过，但不掩其大能。

明代画家刘俊的《雪夜访普图》，描绘了宋太祖在雪夜中探访宰相赵普、商讨国事的画面。赵普一生三度入相，受到太祖、太宗两任皇帝的重用

宋太祖的接班人是谁？

赵匡胤去世后，其弟赵光义继位，史称宋太宗。

赵光义（939—997年），原名匡义，赵匡胤做皇帝后，为避讳改名光义，继位后又改名炅。宋太宗在位21年，进一步完成了其兄未完成的统一大业，先是迫使吴越王钱俶和割据漳、泉二州的陈洪进"纳土"归附，后又亲征太原，灭北汉，结束了五代十国的分裂割据局面。他还两次攻辽，意欲收复燕云十六州，但均遭失败，从此对辽采取守势。内政方面，他励精图治，为宋朝的繁荣稳定打下了良好基础。

997年宋太宗去世，享年58岁，葬永熙陵。

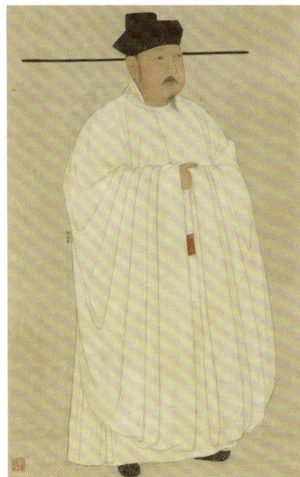

宋太宗赵光义画像

知识拓展：烛影斧声是什么故事？

北宋僧人文莹撰写的《续湘山野录》对宋太祖之死有"烛影斧声"一说。

976年（开宝九年）11月14日夜，开封城中天气骤变，雪雹交加，赵匡胤心情很好，便找来其弟赵光义喝酒。兄弟俩喝到酒酣耳热之时，不知为何，赵匡胤将身旁侍酒的一众宦官宫女都打发了出去。遥见烛影之下，赵光义时而离席，一副谦逊退避的样子。这顿酒一直喝到半夜，赵匡胤手持一柄玉斧在地上戳了几下，对赵光义连说两声："好做，好做！"然后，他就回屋上床，鼾声如雷。当晚，赵匡胤突然驾崩，年仅49岁。赵光义随后继位，史称太宗。

对此事件，各史料记载不一，后世争议也很大。对于赵光义的继位，因为既无赵匡胤的遗诏，又不符合传统继承顺序（当时赵匡胤的次子赵德昭已经25岁），所以有人说赵匡胤是死于谋杀，也有人说他是死于饮酒过度或突发脑溢血。真相究竟如何，时隔一千多年后的今天，已无从考证，所以"烛影斧声"留给我们的，也只能是一个千古谜案。

东京梦华

经过几代帝王的经营，宋朝将五代十国后的凋敝景象转变为富丽太平的热闹景象，都城东京开封府更是盛世明珠。在名画《清明上河图》和古籍《东京梦华录》等作品中，东京城商店鳞次栉比、行人如织，繁华可见一斑。

这幅图重现了一个『狭路相逢』的场面：坐轿的文官和骑马的武官互不相让，轿夫与马夫各仗其主，吵闹不休。找找看，他们在哪里？

商人

打鱼的渔夫

工人

热闹的街道

北宋时，棉花开始在两广和福建等地普遍种植，并逐渐成为两宋时期重要的经济作物，棉纺织业随之兴起。因此，专门出售布帛的彩帛铺在那时很常见。图中就有一家布帛铺，你能找到吗？

随着商品交易的日趋活跃，东京首次出现了专门的娱乐休闲场所——瓦舍（又称瓦肆或瓦市），人们能在这里观看各种演出，包括说书、小唱、杂剧、皮影、散乐、舞蹈、杂技等。

有人落水了！桥上还有几个热心人不顾个人安危，跨到虹桥栏杆外，准备跳下去救人呢。你能找到他们吗？

码头

瓦舍

货船

《清明上河图》描绘了 500 多个人物，涵盖仕、农、商、医、卜、僧、道、胥吏、妇女、儿童、篙师、缆夫等。画面中也出现了很多人物，你能找到这个舒服地躺在货物上的年轻人吗？

←←《清明上河图》中暗藏哪些玄机？→→

名画《清明上河图》描绘了北宋都城开封府在清明时节的繁荣景象，是北宋宫廷画家张择端进献给宋徽宗的贡品，也是他仅见的存世精品，堪称国宝级文物。

在5米多长的画卷里，大至原野、浩河、商廊，小至舟车人物、摊铺、摆设、市招（店铺招牌）文字皆统组一起，刻画细致，豆人寸马，栩栩如生，让人仿佛身临其境，具有很高的历史价值和艺术价值。

在描绘太平繁荣的表面下，《清明上河图》其实还反映了徽宗时期文武相争、军力懈怠、城防涣散等问题，是一幅带有忧患意识的"盛世危图"。张择端以画曲谏，用心良苦，遗憾的是，当时的徽宗皇帝迷恋精绘祥瑞和吉兆，并不愿收藏此画。

张择端《清明上河图》（局部）
开封府历经北宋九帝167年，人口逾百万，富丽甲天下，繁荣兴旺达到鼎盛，成为当时全国的政治、经济、文化中心，也是世界上繁华的大都市之一

什么是宫廷画家？

古代的画家主要分为三类，一是民间画工，二是宫廷画家，三是文人画家。其中，宫廷画家服务于皇家的政治纪实、军事记事、文化娱乐等宫廷活动，作品一般带有明显的政教功能，并适应帝王的喜好。

张择端所供职的翰林图画院就是宫廷画院机构，出现于五代，完备于宋。宋徽宗本人艺术素养极高，在书画方面造诣颇深。他在位时，兼有"画学"职能的画院在机构、职能上最为完善，人才济济，成为宫廷画院的楷模。

"清明上河园"是一座大型宋朝文化实景主题公园，坐落在河南开封龙亭湖西岸，是国家首批5A级旅游景区和中国非物质文化遗产展演基地。园中矗立着的这尊人物雕像，正是《清明上河图》的作者，北宋宫廷画师张择端

开封府为什么叫东京？

首先需要介绍一下宋朝的四京制度。

赵匡胤以宋代周后，沿后周旧制，以开封府（今河南开封）为首都，以河南府（今河南洛阳）为西京，作为陪都。后来，又将宋太祖帝业肇基之地宋州（今河南商丘）增设为南京应天府，设北京大名府则是因为宋真宗亲征契丹时，曾经在大名府（今河北大名）停留暂住。这就是宋朝四京制度。

开封在东，因与在西边的西京洛阳对应而称为东京，最初只是表示方位，但久而久之就成了地名。再因为有汴水流经，所以这里又叫汴京。在宋代，开封并无汴梁的称呼，汴梁是开封在金元时代的称呼。

宋代的城市与唐代有哪些不同？

由唐到宋，随着城市商业贸易活动的活跃和自由，曾经以政治、军事为主的传统中心城市的商业经济职能逐渐加强。

唐代长安坊市分开，朝开晚闭，还有宵禁。宋代则实行更加开放的管理模式，在城市空间上突破了坊市和城墙的限制，在营业时间上也突破了昼夜的限制，出现了随处设立的店铺、夜市、晓市等。如《清明上河图》中就集中反映了商店多沿街设立，民坊、店铺交错杂处的聚居结构。另外，据《东京梦华录》记载，宋代取消"夜禁"，东京的夜市在三更停止，到五更时，晓市又已开业，在"要闹去处"的买卖甚至通宵达旦。

与唐长安城相比，北宋东京城和南宋临安城的人口数量呈逐渐增长趋势，增长最多的是从事工商业、服务及娱乐业的人口；外来人口、流动人口的比例也逐渐增加，商业有了更大发展，市民阶层逐渐形成，市民文化随之兴起。

另外，唐代市郊有不少定期开放的草市，在北宋时发展得更广泛，有的逐渐发展成为固定的市镇，乡村也逐渐纳入商品经济轨道。

什么是市民文化？

宋朝的城市格局由封闭式转变为开放式，城市人口的大幅增加以及商业的高度繁荣造就了市民独特的生活方式，市民文化随之兴起。

宋朝建筑处于中国古代建筑的成熟阶段，追求把自然美与人工美融为一体的意境，所以一改唐代雄浑的特点，建筑物的屋脊、屋角有起翘之势，给人纤巧秀丽的感觉

宋朝市民的文化生活出现了商业化、通俗化和大众化的新趋势。瓦舍勾栏作为市民的娱乐中心，遍布各地的大中城市，大的可以容纳几千人，为市民提供各类观赏性的文娱演出，形式丰富多彩，昼夜不断，热闹异常。

深受市民喜爱的体育活动主要有武术、相扑、球类和水上运动。宋朝民间传统节日活动也十分丰富，许多节庆内容已与娱乐活动融为一体，显现出宋朝商品经济的活跃，营造出开放的社会文化氛围。

丰富的消遣娱乐活动，使得宋朝市民阶层的生活风尚产生了许多新的变化。才子柳永流连坊曲，将俚俗语编入词中，并大量描写了市民阶层男女之间的感情和市井生活，许多艺人传唱，使宋词走向平民化、大众化，"凡有井水处，皆能歌柳词"。

宋朝都市的繁华在《东京梦华录》中有所记载。

蹴鞠泥塑

《东京梦华录》是什么时候写成的？

1127年，金人铁骑长驱中原、直捣东京，掳掠徽宗、钦宗二帝及太妃、太子、宗室三千人，壮丽辉煌的东京顷刻间被毁，北宋灭亡，大批臣民逃往南方。

东京人士孟元老南渡后，怀着对往昔的无限眷念和对现实的无尽伤感，于1147年（南宋

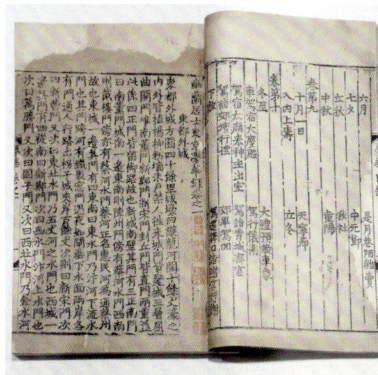

元刻本《东京梦华录》

绍兴十七年）撰成《东京梦华录》。

《东京梦华录》所记大多是宋徽宗崇宁到宣和年间（1102—1125年）东京开封府的繁华场景，从都城的范围到皇宫建筑，从官署的处所到城内的街坊，从饮食起居到岁时节令，从歌舞曲艺到婚丧习俗，几乎无所不包，不仅可以了解当时的民风时尚，也能感受到宋朝发达的经济和繁荣的城市生活，是研究北宋都市生活、经济文化的重要历史文献。

交子是最早的纸币吗？

北宋时期四川成都的"交子"是世界上最早的纸币。北宋初年，四川用铁钱，体重值小，流通很不方便，于是，商人们发行交子来代替铁钱。

交子一开始是一种存款凭证或票据。存款人把现金交付给铺户，铺户把存款数额填写在用楮（chǔ）纸制作的纸卷上，再交还存款人，并收取一定数目的保管费。随着交子使用越来越广泛，交子铺户开始印刷有统一面额和格式的交子，作为一种新的流通手段向市场发行。1023年，北宋政府在成都设益州交子务，发行"官交子"，交子从商业信用凭证变成了官方法定货币。

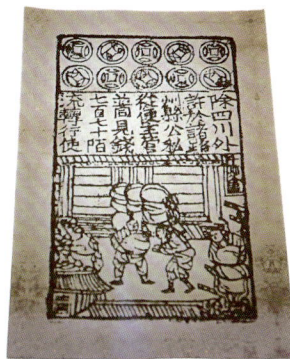

北宋交子旧版拓存

也有人认为中国纸币的起源要追溯到唐代"飞钱"。"飞钱"出现于唐代中期，当时的商人外出经商时不便携带大量铜钱，所以出行前会先到官方开具一张"飞钱"，上面记载着地方和钱币的数目，之后拿着它去异地提款。不过，"飞钱"实质上只是一种汇兑业务，本身不介入流通，因此不是真正意义上的纸币。

知识拓展：宋钱——中国古钱之最

宋朝是中国古代王朝发展的又一个巅峰时期。政府支持商业活动，百姓生活相对安定富足，艺术思想、审美情趣空前活跃，边境贸易和文化交流日益频繁，社会商品货币经济高度发达。

宋朝是中国历史上货币铸量最大的时期，宋币可以说是东亚世界的"硬通货"，当时的日本、朝鲜等国均使用宋钱。宋朝的币种也很多，铜钱是当时的本位币（本位币，也称主币，是一个国家的基本通货和法定的计价结算货币，人民币就是我们现在的本位币），但铁钱和白银也是重要货币，而且还出现了交子、钱引等（类似于今天的纸币）。

不仅如此，宋朝钱文书法多样，篆、隶、行、草、楷五体具备，还有皇帝亲笔书写的"御书体"。宋钱无论是数量、种类还是钱文化都创造了中国古钱之最，对后世的影响也极其深刻。

杨延昭冰城计

　　在北宋与辽的对峙中，杨家将保家卫国的故事广为流传，其中，杨六郎的原型就是历史上的抗辽名将杨延昭。他曾镇守遂城，用水浇城成冰，以三千兵马抵抗二十万辽兵的包围，称为"冰城计"。

除了夜叉擂，守城的宋军还不断地向试图爬上城墙的辽军投掷石块，在这样严密的防守下，辽军的损失十分惨重！

损失惨重的辽军

辽军将领攻城心切，但是在杨延昭的指挥下，遂城俨然成了一座坚不可摧的"铁城"。这场对战的结局如何呢？快去后文中寻找答案吧！

夜叉擂，亦称"留客柱"，是古代城防使用的一种碾刺兵器，将长三四米的湿榆木上钉满钉子制作而成。使用时，守军将夜叉擂投入敌军中，绞动绞车，使其滚动，用以碾杀敌人。

杨延昭

守城的宋军

夜叉擂

城墙上的冰太滑了，有一个辽兵好不容易爬上了城墙，谁知却脚下一滑，摔了下来，你能找到他在哪儿吗？

云梯不仅仅是一架梯子那么简单，它是底部装有车轮的大型攻城器械，而且经过不断发展，甚至还有防护装置。

明明是长子，为什么被称为杨六郎？

杨延昭（958—1014 年），北宋名将，本名杨延朗，是抗辽名将杨业长子，因避宋真宗所臆造的圣祖赵玄朗讳而改名，他也是人们所熟知的杨家将故事里的杨六郎。

杨延昭自幼沉默寡言，但酷爱军阵兵法，而且深得杨业真传。杨业死后，他便担负起河北地区的御辽重任。

杨延昭和他的父亲杨业一样，是宋军将领中的佼佼者，曾多次率兵击退辽军，威震边境。契丹人认为北斗七星中的第六颗主镇幽燕北方，是他们的克星，并且将杨延昭看作是天上的六郎星官（将星）下凡，故称呼他为杨六郎，而这个称呼也流传了下来。

位于山西省代县的雁门关，又名西陉关。山梁上的杨六郎石雕像，高 19 米，合 57 尺，由汉白玉雕刻而成

杨延昭是如何当上河北御辽大军总指挥的？

这要从他的父亲杨业（？—986 年）说起。杨业是北宋抗辽名将，以英勇善战闻名于世，人称"杨无敌"。

986 年（雍熙三年），宋太宗决定北伐辽国，收复燕云十六州，以潘美为主将，杨业为副主将，王侁（shēn）、刘文裕为监军。遇败后，杨业力主避敌锋锐，分兵诱其向东，设伏阻止辽军南下，保障民众转移。潘美、王侁不接受他的主张，反而认为他有异心，强令他出战。临行前，杨业与潘美约定好在陈家谷口（今山西宁武北）进行接应，然后挥军奋进，陷入重围，苦战终日，却没等来援军，最终被俘后绝食而死。

杨业领兵进攻应、朔二州时，杨延昭曾担任该军的先锋，他奋战于朔州城下，被乱箭射穿手臂，却越战越勇，直至攻下城门。杨延昭的智勇加上父亲杨业为国捐躯让朝廷对他愈加重视，并委以重任。而杨延昭也不负众望，屡立战功，后来在名相寇准的推荐下，成为河北御辽大军的总指挥。

燕云十六州是什么地方？

燕云十六州，具体指当时的幽州、蓟洲、瀛洲、莫州、涿州、檀州、顺州、新州、妫（guī）州、儒州、武州、云州、应州、寰（huán）州、朔州、蔚州，相当于以今北京市和山西大同市为中心，东至河北遵化市，北迄长城，西界山西神池，南至天津市海河以北、河北河间市、保定市及山西繁峙、宁武一线以北地区。

936 年，后唐河东节度使石敬瑭想起兵自立，向契丹人求援。契丹出兵扶植其建立后晋。辽太宗耶律德光与石敬瑭约为父子，石敬瑭自认"儿皇帝"，按照契丹的要求把燕云十六州割让给契丹，使得辽国的疆域扩展到长城沿线。

沿长城一线的险峻地形，始终是以步兵为主的中原军队抗击北方游牧民族骑兵部队的天然屏障，燕云十六州恰好在这条重要的军事防御线上。十六州一失，北部边防从此几乎无险可守，这对后来的宋王朝形成了持续的威胁。

辽政权是如何建立的？

契丹族起源于东胡，一开始只是一个极小的游牧部落，后来随着人口增长，势力也迅速壮大起来，由独立分散的八个部落形成联盟，但并非统一的共同体。在唐朝军队的多次打击和内乱之下，契丹族开始变得四分五裂。

唐末，契丹迭刺部的耶律氏兴起，世代担任契丹部夷离堇（夷离堇是契丹族各部军事首领的名称），权威日盛。907 年（唐天祐四年），耶律阿保机担任夷离堇后，不再从部落首领遥辇氏家族中选择可汗，而是把旗鼓收归自己所有，自己担任了契丹部的可汗。

阿保机在位时期，羡慕中原王朝的文化，希望可汗可以像中原皇帝那样变成终身制（契丹人的首领是通过选举产生的，每隔三年，八个部落首领聚在一起，选举出其中一人成为契丹联盟的可汗。可汗的任期不

契丹文铜镜

是终身制，而且可以被随时罢免），拒绝让出汗位，并粉碎了自己的弟弟们和其他部族的几次叛变，从而清除了反对势力，统一了契丹八部。

916 年，阿保机称皇帝，仿效中原王朝的制度，建国号为契丹，阿保机即辽太祖。

什么是冰城计？

999 年（咸平二年），辽军进攻杨延昭守卫的遂城（今河北徐水）。杨延昭求援，但河北大将傅潜畏惧辽军，不敢出援，导致遂城被辽军所困。

遂城城小无备，杨延昭虽指挥部将将辽军一次次打退，但由于辽朝的萧太后亲临城下督战，形势依然危急。城中守军不满三千，众心危惧，延昭则从容自若，一直坚持到初冬时节。

当时正好遇上寒潮，气温骤降，杨延昭命城中军民汲水浇灌城墙，水在一夜之间变成冰，城墙变得又坚固又光滑，辽军攻城不下，只好绕过遂城进攻别处，宋军不仅守住了城，还缴获了很多敌人丢下的武器。

这次战役结束后，杨延昭威震边关，人们称杨延昭守卫的遂城为"铁遂城"。宋真宗特意召他询对边策，并称赞他"治兵护塞有父风"。

河北怀来县鸡鸣山上的萧太后亭。萧绰（953—1009 年），小字燕燕，契丹族政治家、军事家和改革家。她从 29 岁开始临朝，到 56 岁病逝，摄政生涯达 27 年。其间，辽朝进入最为鼎盛的时期，并促成宋辽签订息兵的"澶渊之盟"

宋辽对峙中，为什么宋军一直处于弱势？

宋太宗赵光义北伐收复燕云十六州失败，之后的对峙中，宋军也一直处于劣势。

从主观因素来看，宋太祖杯酒释兵权，将兵权与财政权集中于中央，宋朝建立了一个兵不识将、将不识兵、文人带兵的制度，虽避免了唐代藩镇割据的乱象，但军队屡弱，也导致了外交策略的软弱。

从客观上看，宋朝时缺少养马地，也就缺少骑兵，只能以步兵为主，又失去了燕云十六州的险隘，只能采取守势。以步对骑，胜则小胜，败则大败，因此，宋朝在对战

中的胜率虽高，但其实很难伤到辽国的元气。再加上宋朝的经济发达，相比战争消耗，用钱来获取平安，似乎是更省力的办法。

知识拓展：杨门女将和四郎探母的故事都是真的吗？

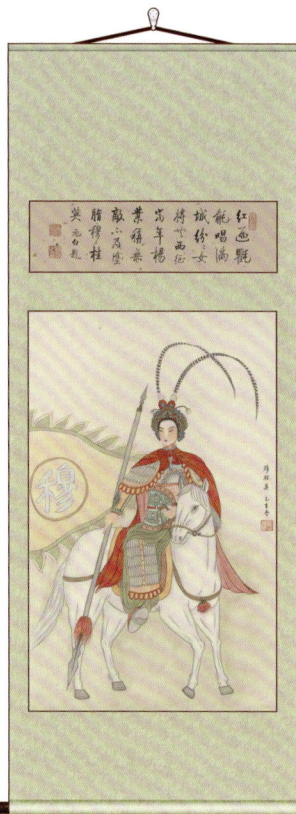

佘（shé）太君挂帅、十二寡妇征西、穆桂英挂帅等杨门女将的故事广为流传，故事中，女将们巾帼不让须眉的胆识和谋略让人钦佩。但在清朝之前，正史根本没有杨门女将的记载。绝大多数史学家认为，杨门女将均属虚构，文学演绎成分居多。

在演义中，杨家将遭潘美陷害，满门忠烈命丧黄泉，杨业之妻佘太君作为杨家的当家人，以百岁的高龄挂帅征辽。但真实的佘太君本名折赛花，是赫赫将门折氏之后，终年 76 岁，不可能有百岁挂帅的事。

杨门女将中的其他人，比如穆桂英，在历史上并没有记载。在《杨家将演义》中，杨文广是杨延昭之子杨宗保与穆桂英的儿子，但历史上的杨文广却是杨延昭的儿子。穆桂英的形象，可能是根据杨家有人娶了有尚武之风的鲜卑慕容部的女子为妻之事演变而来。

京剧《四郎探母》讲的是杨四郎延辉陷辽十五年后，在两军对阵、剑拔弩张的背景下，趁夜冒着杀身之祸偷跑出关探望母亲的故事。杨家将在历史上虽有原型，但杨业的儿子中并没有被辽俘虏还和辽的公主结婚的"四郎"，这个故事确属戏说。

但宋朝王继忠的情况和杨四郎很像，可能是原型。1003 年，北宋高官王继忠在望都之战中被辽军俘获，萧太后亲自出面，招降了王继忠，并从名门望族中挑选了一个女子嫁给他。《辽史》记载，王继忠在辽国生有一子，名怀玉。杨家将故事中，杨文广的儿子也叫怀玉，这可能并非巧合，而是有意借鉴。

曹梦芹《穆桂英》，启功题字

《杨家将》的传说是什么时候开始的？

杨家将的故事由来已久，凭借杨家几代将领的名气，早在宋代便开始流传。

在杨家第三代名将杨文广还在世的时候，欧阳修撰于 1051 年的《杨琪墓志》就提到：从士大夫到童儿、野老，都知道杨业父子智勇无敌的故事。

《杨琪墓志》写于杨业殉国 60 余年之后，记载了杨家实为麟州土豪，属于五代河东武人集团的一方诸侯。另外，杨业的真名在墓志里确如民间所说是"继业"。

直到今天，杨家将一门忠烈的故事，仍在各种戏曲和影视节目中传颂。

《金枪传杨家将后本》年画

北宋边贸

宋朝与多个少数民族政权对峙存在，在持续的攻伐中，也有和平共处的一面。宋、辽、西夏各在接界地点设置榷（què）场，互通有无，被称为茶马贸易。

界碑

守卫的士兵

酒

商人

酒

满载而归的驼队

有一个大胆的盗贼竟然与士兵当众打斗起来，他还有一个同伙，你能找到吗？

北宋的疆域面积有多大？

根据《中国历代疆域面积考》，北宋的国土面积约为280万平方千米，最盛时期的疆域都要小于北方的辽，另外还面临着西有西夏，南有吐蕃、大理等对立政权并存的局面。

北宋的边界东北以今海河、河北霸州、山西雁门关为界；西北以陕西横山、甘肃东部、青海湟水为界；西南以岷山、大渡河为界。

宋神宗时，通过熙河开边收复河湟，宋徽宗时期，于青海北部置陇右都护府，并重金赎回幽云七州，几乎是宋朝疆域最大的时期。可惜好景不长，1127年发生的靖康之变，北宋灭亡，南宋偏安一隅，疆域更小。

北宋疆域图

为什么边贸被称为"茶马贸易"？

宋朝因疆域较小，尤其缺少养马之地，民间役使和军队征战使得内地对马匹的需求量很大，但是中原地区的马种体形偏小，战斗力不强，名贵的好马往往千金难求。同时，宋朝的茶叶生产空前发展，而作为"马背上的民族"，边疆少数民族习惯于食肉饮酪，茶能解油腻、助消化，所以他们对茶尤为偏爱。

于是，用内地过剩的茶，交换番人良马，互惠互利，以茶易马也就成为宋朝在西北与辽、西夏进行边贸的最佳选择，被称为"茶马贸易"。

清·金农《蕃马图》（局部）

为什么茶在宋代会成为时尚饮品？

中国人饮茶的习惯，兴于唐，盛于宋，普及于明清之时。

宋代茶叶生产空前发展，饮茶之风盛行，既形成了豪华极致的宫廷茶文化，又兴起了趣味盎然的市民茶文化。

上有所好，下必从之。宋太宗曾派遣官员监制"龙凤茶"以供皇帝专享。宋徽宗是第一个亲自写茶书的皇帝，著有《大观茶论》。为了博取帝王欢喜，献上优质贡茶，宋代斗茶之风日盛——不仅要比试茶叶品质的优劣，还要比泡茶水平的高低，并以此为荣辱。

宋人把饮茶当作一种高雅艺术。文人雅士有很多品茗行家，对茶的品茶、火候、煮法及饮效等津津乐道。宋代大城市里茶馆兴隆，山乡集镇的茶店茶馆也遍地皆是，凡有人群处，必有茶馆。

唐代茶圣陆羽所著《茶经》提出了精行俭德的茶道精神。宋代茶文化继承唐人注重精神意趣的文化传统，把儒学的内省观念渗透到茶饮之中，又将品茶贯穿于各阶层日常生活和礼仪之中，这种风尚一直延续到元明清各代。

宋·赵佶《听琴图》（局部）

宋徽宗赵佶（1082—1135年），古代少有的颇有成就的艺术型皇帝，自幼爱好笔墨、丹青、骑马、射箭、蹴鞠，对奇花异石、飞禽走兽有着浓厚的兴趣，在书法、绘画方面，更是表现出非凡的天赋

为什么会有边境贸易的繁荣？

10—13世纪，宋、辽、西夏等诸多政权并存，西北地区并非处在统一政权的控制之下，但各个政权对峙打仗的间隙还要有经济往来，互通有无，边贸的存在有其必然性。

就拿宋辽边贸来说，澶渊之盟后迎来了100多年的和平时代，百姓休养生息，牛羊牲畜繁衍，人们几

乎不知道征伐的存在，和乐融融，边贸随之迅速发展。宋朝经济发达，辽等地方有马匹特产，双方互惠互利，来往甚多。

取牙税（中介费）；买卖的物品也有限制，在河北四个榷场明确禁止民间买卖硫黄、焰硝及卢甘石，因为这些东西可以制造火药，落入敌方对宋不利。

尽管常因政治关系的变化而兴废无常，宋朝还是从边贸交易中获利颇丰，政府的财政收入也日益充盈。

知识拓展：现在流行的泡茶是什么时候开始的？

唐宋元明期间，中国人的饮茶方式发生了几次改变——（唐）煎茶、（宋）点茶、（元）煮茶、（明）泡茶。

唐代的煎茶，是茶最早的艺术品尝形式。中唐以前，人们在煮茶时，要加入葱、姜、枣、橘皮、茱萸、薄荷等物，像煮粥一样。而陆羽很不喜欢这样粗放的方式，只在《茶经》中保留了用盐为茶调味的做法：先将饼茶碾成末，置于锅中煎药，而后再加盐，以去除苦味。煎好的茶用长匙舀至小茶碗中饮用。

宋人更喜爱典雅精致的点茶艺术，茶的饮用从调饮开始向清饮发展，也成为泡茶的前身。点茶法，是先将茶粉加入少量沸水调成膏状，然后用茶筅（xiǎn）击拂，使汤花显现，使之产生沫饽（bō），乃至咬盏挂杯，幻化出花草虫鱼之类的形象，以汤花色泽鲜白、茶面细碎均匀、汤花与盏咬紧为佳。

元代人已开始普遍使用茶叶或茶末煎煮饮茶，不加或少加调料。这种简便、纯粹的"清饮"方式被越来越多的人所接受。

到了明代，朱元璋罢造龙团凤饼，遂使散茶独盛，茶风也为之一变，流行"泡茶"，即以茶置于茶壶或茶盏中，以沸水冲泡。这种饮茶方式，一直沿用至今。

宁波博物馆展出的北宋越窑"成茶汤"茶碾

在榷场交易有哪些操作流程？

宋、辽、西夏各政权在接界地点设置的互市市场，称为"榷场"，人们在此进行有控制的物资交换。

澶渊之盟后，宋辽之间主要有宋境的雄州（今河北雄县）、霸州（今河北霸州）、安肃军（今河北徐水）、广信军（今河北徐水西）河北四榷场，以及辽境的新城（今河北新城东南）榷场。

榷场名义上是边贸，但有着严格的操作流程，比如，榷场的管辖权属于官府，官方收取商税，稽查货物；买卖双方不得直接交易，政府派官牙人（中介）包揽交易全过程，收

宋朝和西夏的关系如何？

唐末，党项族拓跋氏因平定黄巢起义有功，赐姓李，占有西北五州之地，成为当地的藩镇势力。五代十国时期，不管中原是何人当政，李氏都"俯首称臣"，以获得该地的统治地位和大量的赏赐。

宋太祖虽削夺藩镇兵权，但对西北少数民族依然宽宥，允许世袭。夏州节度使李继捧上台后，归顺宋朝，但其族弟李继迁不愿意，他集结武装，袭扰宋朝边境。宋朝不能取胜，便只能息事宁人，割让西北数州给李继迁，事实上承认了其独立地位。

1038年，李继迁的孙子李元昊称帝，史称西夏，与宋、辽形成三国鼎立的局面。宋朝认为西夏僭越，不愿承认李元昊的帝位，但因为战争失利，只能与西夏和谈，表面上是西夏向宋称臣，但宋每年要给西夏几十万岁币，相当于是宋花钱买和平。

宋和西夏双方一直互相敌视，时战时和，互市断断续续，但都不能完全压倒对方。因为西夏的存在，阻碍了陆上丝绸之路的通行，宋朝才不得不加强海上的贸易。

西夏古城——黑水城遗址，位于内蒙古额济纳旗达来库布镇东南方向25千米左右，是古丝绸之路北线上现存最完整、规模最宏大的一座古城遗址

一个放牛娃好奇地看着眼前忙碌的民工们，他一定想不到，在苏东坡的带领和大家的努力下，西湖很快就会变得不一样了！

苏东坡治理西湖

宋朝文化繁盛，涌现出许多文人名士，苏东坡就是其中浓墨重彩的一位。他不仅涉猎广泛，才情极高，而且曾两度主政杭州，主持治理西湖，留下了惠及后人的功绩。

注意！这里有一条蛇！你能在画面中快速找到它，避免民工们被咬伤吗？

清除杂草

疏浚河道

在那条蛇的附近有两只青蛙，它们的处境很危险！画面中还有另外一只青蛙，你能找到吗？

你能找到这个人吗？提示：他正把衣袖挽起来，准备大干一场呢。

在苏东坡的带领下，大家干活的劲头特别足，瞧，有一个小伙子的胳膊受伤了，还想要来帮忙呢！

有人送来了食物，可是大家似乎并不想停下来。这一幕出现在什么地方？

清理石块

苏东坡

宋代时期的建筑很有特色，想一想，我们前面是怎么介绍和评价的呢？

苏东坡不仅带领大家清理了西湖的淤泥，还修建了长堤，你知道这道长堤叫什么名字吗？

这个人的力气真大呀！你能立刻找到他吗？

为什么说苏东坡是"通才"？

苏东坡（1037—1101 年），本名苏轼，字子瞻，号东坡居士，人称苏东坡。苏东坡是进士出身，虽仕途坎坷，但却秉持家国情怀，心系黎民苍生，在足迹所踏之处留下很多功在千秋的政绩，比如治理杭州西湖。

东坡画像

苏东坡在诗词书画上也造诣精深。他的诗内容繁杂，清新豪健，与黄庭坚并称"苏黄"，为宋诗的代表。他的词开创豪放一派，与南宋的辛弃疾并称"苏辛"。他的散文纵横恣肆，位列"唐宋八大家"。他还工于书法，用墨丰腴，笔画舒展，位列"宋四家"。他倡导"以诗入画"，擅画枯木怪石，开创了文人画的一代新风。

苏东坡爱吃也精于吃，他首创东坡肉、东坡玉糁（shěn）羹、东坡豆腐等佳肴；他还擅长煮茶品茗，因爱饮酒而自学酿酒。与此同时，他对儒、释、道三家均涉猎颇深，以出世的心态尽入世之能，其为人处世，历经千年依然为无数人感叹向往。

苏东坡是如何来到杭州的？

神宗年间，王安石变法开始，苏东坡的政治理念与新法背道而驰，他的学术思想也与新学格格不入，因此与王安石龃龉（jǔ yǔ）颇多。

1071 年，苏东坡因上书反对王安石变法中的流弊，遭到政敌的攻讦（jié）而请求出京任职，远赴杭州担任通判，1074 年离任。1089 年，经过十余年沉浮，苏东坡第二次赴杭为官。

王安石和苏东坡既是才子也是朝臣，两人政见不合，曾在官场上针锋相对。但在乌台诗案中，王安石爱惜苏东坡才华，救了他一命。后来苏东坡拜访王安石的时候，两人畅谈甚欢，终化干戈为玉帛。

为什么要治理西湖？

1089 年，苏东坡第二次到杭州，任太守。当来到他曾比作西子的西湖时，发现由于疏于治理，西湖已经淤塞不堪，荒草丛生，于是上奏《乞开杭州西湖状》。

针对西湖的水、泥、草等问题，苏东坡想出各种办法逐一应对。首先，筹集大量经费，带领民工和船夫疏浚河道与西湖，再修造堤堰闸门，控制西湖水的蓄积与排泄，确保钱塘江潮水不再进入杭州城内。

苏东坡将疏浚出的大量西湖淤泥用于修筑湖上的长堤，长堤上栽种花木杨柳，建上小桥亭阁，贯通西湖的南北两岸，大大缩短了游玩西湖的往返距离，构成了西湖十景中的"苏堤春晓"。

为了防止西湖湖畔的杂草再生，苏东坡还想了个好办法：将岸边的湖面租给百姓种植菱角，前提是必须要给相应的地段定期拔草，同时，租费和税收还可用于湖堤保养。

杭州西湖上的苏堤是一条贯穿西湖南北风景区的林荫大堤，现长 2800 米。它是苏东坡主持修筑的堤岸，也是日后南起南屏山麓、北至栖霞岭下的一条堤岸的雏形

西湖的白堤是白居易修的吗？

不是！西湖有白堤，后世误传这是白居易所修筑的堤，称之为白公堤。事实上，这道"白堤"在白居易来杭州之前就已存在，当时称为"白沙堤"，已见于白居易的诗作之中。

虽然白堤不是白居易修建的，但是他对西湖也做出了一定的贡献。

在杭州刺史（唐代州官，从三品）任内，白居易见杭

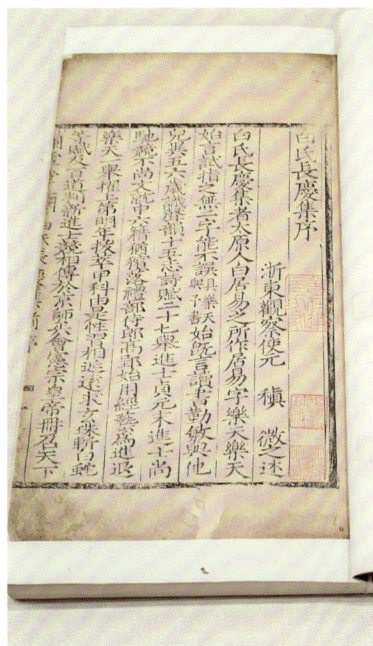

《白氏长庆集》

白居易（772—846 年），字乐天，唐代伟大的现实主义诗人，他的创作技巧独具风格，语言通俗易懂，生动准确。相传，白居易每创作一篇新作，都要念给街坊的老太婆听，如对方听不懂他就继续修改，直到能听懂为止

州有六口古井年久失修，便主持疏浚六井，以解决杭州人的饮水问题。又见西湖淤塞、农田干旱，因此修堤蓄积湖水，以利灌溉，舒缓旱灾的危害，并作《钱塘湖石记》，将治理湖水的政策、方式与注意事项，刻石置于湖边，供后人知晓，对后来杭州治理湖水有很大影响。

东坡肉是什么时候出现的？

苏东坡不仅是大文豪，还是一位资深的美食家，最有名的创制当属东坡肉。因乌台诗案，苏东坡被贬到黄州（今湖北黄冈），其号"东坡居士"也是那时躬耕荒地而来。黄州的猪肉很便宜，苏东坡亲自烹饪，在肉中加入酱油及多味调料，用文火慢炖，创造出了东坡肉（红烧肉）。但由于当地富人不肯吃价格低廉的猪肉，穷人也不知道怎么烧好吃，他的这道菜并没有得到流传。

后来，他在杭州疏浚西湖时，当地百姓为了表示感谢，送给他猪肉当作报答。苏东坡感动万分，按照自己在黄州时的方法做了肉，分发给当地百姓，东坡肉也随之流传开来，到今天仍然是餐桌上的美味佳肴。

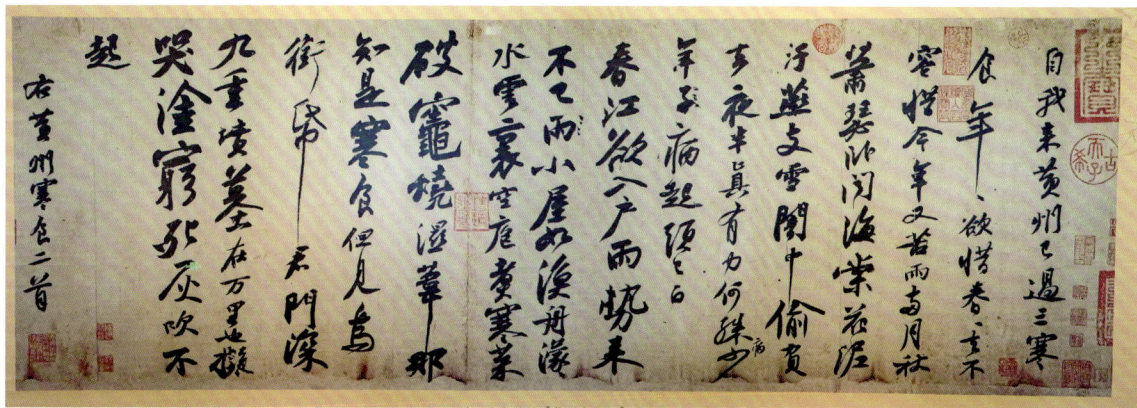
《黄州寒食帖》是苏东坡行书的代表作。这是一首遣兴的诗作，是苏东坡被贬黄州第三年的寒食节所发的人生之叹，表达了当时惆怅孤独的心情。此帖在书法史上影响很大，被称为"天下第三行书"，是苏东坡书法作品中的上乘

"乌台诗案"是怎么回事？

乌台，即御史台，是东汉至元朝设置的监察机构，属中央司法机关之一，负责监察、弹劾官员，肃正纲纪。因汉代时御史台外有柏树，多有乌鸦栖居其上，故称乌台，也戏指御史们都是乌鸦嘴。

1079年，苏东坡被调到湖州任知州。上任后，他就给神宗写了一封《湖州谢上表》，其中"愚不适时，难以追陪新进""老不生事或能牧养小民"这些话被新党利用，说他暗怀怨怼，无礼讽刺政府，对皇帝不忠，一时间，朝廷内一片倒苏之声。上任才三个月的苏东坡被御史台的吏卒逮捕，解往京师，受牵连者达数十人。这就是北宋著名的"乌台诗案"。

北宋画家王诜《东坡赤壁图》
王诜（shēn）是北宋最出名的驸马，不仅是神宗皇帝的妹夫、宋徽宗的姑父，还是苏东坡的挚交知己。乌台诗案中，他因给苏东坡通风报信，并进行搭救而受到牵连，被发配流放

乌台诗案成为苏东坡一生的转折点。新党们要置苏东坡于死地，而与苏东坡政见相同的许多元老则纷纷上书救援。王安石当时退休在金陵，也上书说："安有圣世而杀才士乎？"在众人的努力下，苏东坡得到从轻发落，贬为黄州团练副使，受当地官员监视。

苏东坡最后的命运如何？

苏东坡仕途多舛，前因反对新法被贬，保守的旧党执政后被召回朝中，但他见保守派拼命压制王安石集团并尽废新法，认为他们不过一丘之貉（hé），再次向朝廷提出谏议。由此，他既不能容于新党，又不能见谅于旧党，虽有短暂起复，但还是长期被贬谪乃至流放。

苏东坡虽然仕途不得意，但他力求自我超脱，始终保持着顽强乐观的信念。宋徽宗继位后，苏东坡从流放地儋（dān）州（今海南儋州）相继被调为廉州安置、舒州团练副使、永州安置。

1100年，朝廷大赦。北归途中，苏东坡于1101年在常州逝世，享年64岁。

"心似已灰之木，身如不系之舟。问汝平生功业，黄州惠州儋州。"这是苏东坡北归途中在游览金山寺时，看到十年前画家李公麟为其所绘的画像时赋的一首诗，诗名为《自题金山画像》。诗的前两句典出《庄子》，后两句则是对自己一生的总结——这位千古名家，将自己的人生高光时刻定义在了被贬谪期间的三座小城，而不是在京城的那些春风得意的时光，读来不免让人唏嘘而又感佩。

知识拓展：什么是士大夫精神？

宋太祖立国之初，汲取五代十国武人乱政的教训，决定以文治国，并立下"不杀士大夫及言事之人"的祖训，士大夫的地位得到空前提高，出现皇帝与士大夫共治天下的局面。

在这样的背景下，士大夫这一群体有了空前的主人翁意识与爱国情怀。士大夫精神是范仲淹"先天下之忧而忧，后天下之乐而乐"的政治抱负，也是张载"为天地立心，为生民立命，为往圣继绝学，为万世开太平"的广阔胸襟，是文天祥"人生自古谁无死，留取丹心照汗青"的牺牲精神，也是王安石、司马光、欧阳修、苏东坡等一众文人名士为大宋塑造的才情风骨。

大宋的文人圈，虽会有意见不和，但都有这种精神，使得宋朝在强敌环伺下，支撑了三百多年，成就了一个文化盛世。

提到岳阳楼，就不能不提范仲淹的《岳阳楼记》，其中两句"先天下之忧而忧，后天下之乐而乐"更是广为传播，成为士大夫精神的精髓。有意思的是，范仲淹当时并未亲临现场，只凭想象就写下了千古名篇

朱熹岳麓会讲

在宋代科举取士，唯有读书高的理念下，书院迅速发展起来。大儒朱熹是理学的集大成者，他十分重视著书与书院讲学，其中，尤以岳麓会讲影响深远。

岳麓书院

张栻

朱熹

认真聆听的弟子

捣乱的人

有一对学者正在激烈地辩论着，他们身旁的妇人听得入神，竟然没留意到有一个人把自己篮子内的果子都偷走了，快找到这个家伙！

书院是什么地方？宋代有哪些著名的书院？你需要自己去后文中寻找答案。

这次会讲的规模和影响都很大，瞧，就连给书院送货的伙计听到两位学者的会讲，也开始讨论起了学术问题呢。

←← 岳麓书院在哪儿？ →→

岳麓书院坐落在湖南长沙湘江西岸的岳麓山脚下，是知名的"千年学府"。岳麓山自古就是文化名山。五代时期，高僧智璇（旧时写作"璿"）为"思儒者之道"，在麓山寺下建起了"以居士类"的学舍。976 年，在僧人办学的基础上，潭州太守朱洞正式创立岳麓书院。1015 年，宋真宗御笔赐书"岳麓书院"四字门额。经过南宋理学大家张栻、朱熹的会讲与经营，岳麓书院成为理学重镇，更加声名远播。现存建筑为清代所建，存有朱熹"忠孝廉节"四字石刻。

岳麓书院从 976 年创立至今，延绵千载有余，故有"千年学府"的美称

教化。据学者考证，朱熹一生与 67 所书院有关，其中，创建 4 所（寒泉精舍、晦庵草堂、武夷精舍、竹林精舍），修复 3 所，读书讲学 47 所，题诗题词 13 所，对南宋书院的勃兴做出了重要贡献。

在复兴白鹿洞书院时，朱熹亲手拟订《白鹿洞书院教规》，总结前人创办书院的宝贵经验，又吸收了佛教清规的长处，形成了相当完整的书院建设纲领性规章。

朱熹毕生重视教育，走到哪里就将书院开办到哪里。他不但动员官府恢复或修建学校，自己所到之处也竭尽全力整修学堂，募集图书，遍访名师，自己也亲任教职，动员百姓子弟入书院读书，把书院当作传道授业、弘扬理学的最佳平台

知识拓展：除了岳麓书院，宋代还有哪些著名的书院？

书院文化始于唐，而盛于宋。开元年间，唐玄宗置丽正修书院，聚文学之士，掌校刊经籍，征集遗书，辨明典章，以备顾问应对，创后世书院之始。

延至宋朝，书院不仅仅是学者名儒讲学论道之所，更是朝廷培养士子的地方。除了岳麓书院，当时著名的书院还有五处：湖南衡阳的石鼓书院、河南登封的嵩阳书院、河南商丘的应天府书院、江西庐山的白鹿洞书院和江苏江宁的茅山书院。其中，石鼓书院、岳麓书院、应天书院和白鹿洞书院最为著名，世称四大书院。

石鼓书院位于湖南省衡阳市北面的石鼓山，997 年建院，柳宗元、韩愈、范成大、朱熹、张载、文天祥、徐霞客、王夫之等都曾到此游览或讲学。今存明、清碑刻等文物，已辟为公园。

应天府书院原址在今河南省商丘县城，又称睢阳书院，最初为戚同文讲学之地。1009 年，曹诚就其地筑学舍一百五十间，聚书千卷，广招学生。范仲淹曾来此任教。

白鹿洞书院位于江西省庐山五老峰下的山谷中。唐代喜欢养白鹿自娱的李渤任江州刺史期间，在其隐居旧址建台榭，称白鹿洞。宋初扩建为书院，后来屡经兴废，朱熹、陆象山、王阳明等都曾在此建院或讲学。现存建筑多为清道光年间所修。

朱熹对书院的发展有什么影响？

朱熹（1130—1200 年），世人尊称为朱子，是宋代理学的集大成者，被认为是继孔、孟之后，儒家学说最重要的代表人物。在朱熹的主导之下，理学最终形成了一个完备的思想体系。

朱熹 18 岁考中进士，做官清正有为，不过生平主要从事著书、讲学，对经、史、文、乐以至科学都有贡献，门生众多，曾为宋宁宗讲学。

朱熹生活的南宋时期世道乱离，他意识到培养"正心诚意"的人才是国运转势和民族振兴的关键。为了革除当时官学的陋蔽，朱熹不断地创新书院的教育方式，所到之处必兴书院，明

岳麓会讲是怎么回事？

1167 年，朱熹到访岳麓书院，在长沙待了两个多月，与张栻就中和说、太极说、知行说等学术问题进行了热烈的讨论，有些问题是两人书信往还中没能讨论清楚的，有的则是随着讨论深入而不断延伸出来的。

二人论学期间，举行了历史上著名的"朱张会讲"，朱熹的弟子和张栻岳麓书院、城南书院的弟子，以及那些闻风

而来的读书人环列在两位大儒的周围旁听，场面十分宏大。

朱熹在岳麓书院讲堂手书的"忠孝廉节"四个大字，后来被书院奉为校训。会讲之后，岳麓书院更加声名远播。1194年，在岳麓会讲27年之后，朱熹任湖南安抚使，重整岳麓书院，颁行《朱子书院教条》，使得岳麓书院再次繁盛。

张栻和朱熹谁更有名？

张栻（1133—1180年），南宋右相张浚之子，学者称南轩先生，主管岳麓书院教事，从学者达数千人，初步奠定了湖湘学派规模，成为一代学宗。

张栻师从理学宗师、湖湘学派开创者胡宏，其学自成一派，与朱熹、吕祖谦齐名，时称"东南三贤"。

张栻雕像
在《重修岳麓书院记》中，张栻指出"盖欲成就人才，以传斯道而济斯民也"，这一观点也可以看作"素质教育"思想在南宋早期的萌芽。从他自身的学习、读书实践来看，他觉得读书和学习提高，是自我实现的需要，反对单纯为科举而读书

什么是程朱理学？

宋人将儒学哲学化，形成新儒学，也叫理学。广义的理学，泛指以讨论天道性命问题为中心的哲学思潮；狭义的理学，专指程朱理学。

程，指的是北宋程颐、程颢（hào）两兄弟，朱则是指南宋朱熹。程朱理学由北宋程颢、程颐兄弟创立，先传弟子杨时，再传罗从彦，三传李侗。朱熹是李侗的学生，他将理学发展成了一个完善的理论系统，是程朱理学的集大成者。

因为朱熹的学说主要继承于"二程"，所以，后世往往将"程朱"并称，他们奉行的一套哲学就被称为"程朱理学"。

仇英《程门立雪图》
进士杨时和朋友游酢（zuò）一起去拜程颐为师，正遇上程老先生闭目养神。这时外面开始下雪，两人恭恭敬敬侍立一旁，不言不动，直到程颐睁开双眼，此时门外积雪已有一尺多厚。后人将此事称为"程门立雪"，表示求学者尊敬师长和心诚意坚

朱熹本人的命运如何？

1194年（绍熙五年），朱熹奉诏进讲《大学》，强调"格物、致知、诚意、正心、修身、齐家、治国、平天下"八目，希望皇帝"克己自新，遵守纲常"，结果却引起宋宁宗和权臣韩侂（tuō）胄（zhòu）的不满。在朝仅46日，朱熹就被罢去职务，还居建阳。

两年后，朝廷掀起了一场对理学的清算，朱熹被斥为"伪学魁首"，罢去官职，晚年凄惨。朱子门人流放的流放，坐牢的坐牢，遭到严重打击。

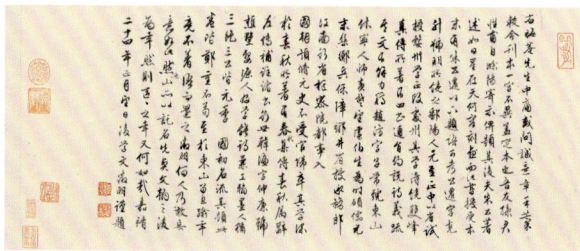

朱熹行书《翰文稿》（局部）

1200年（庆元六年），朱熹足疾发作，左眼已瞎，右眼也几乎失明，最终病死。四方道学信徒决定举行大规模的会葬，这吓坏了反道学的当权者，令当地的官员进行约束。朱熹死后被葬于建阳县黄坑大林谷，参加会葬者仍有千人之多。

朱熹与四书五经有什么关系？

四书五经，是"四书"与"五经"的合称，也是历代儒家学子研学的核心书经。四书为《大学》《中庸》《论语》《孟子》；五经为《诗经》《尚书》《礼记》《周易》《春秋》，原为六经，《乐经》早佚。朱熹著述甚多，其中《四书章句集注》最为著名，是为四书所作注释，既融汇了前人的学说，又有他本人的独特见解，切于世用。后来，程朱理学地位日益上升，朱熹死后，南宋朝廷便将他所编定注释的《四书》审定为官书，从此得以盛行。此后的元明清三代也沿用这一惯例，科考题目都是出自朱注《四书》。

程朱理学是如何成为官方之学的？

经过庆元年间的大清洗，理学被赶下了政治舞台，"荐举考校，皆为厉禁"。1208年，朱熹等理学家被平反。

元代推行汉化政策以巩固统治，加上赵复、许衡等理学家的提倡与努力，理学被尊崇、传播，把科举出题范围都限制在朱注《四书》之内，使其上升到官方学术。

明初，朱元璋排斥杂书异说，独尊程朱，明成祖朱棣通过编撰《五经大全》等理学巨著，"勒成一经"，最终确立了程朱理学的绝对地位。

清代继续尊崇朱子之学，康熙皇帝称赞它是"集大成而继千百年绝传之学，开愚蒙而立亿万世一定之规"，于是出现了"家孔孟而户程朱"的局面。

造船技术甲天下

　　宋朝是我国古代科技史上的黄金时代。四大发明中的火药、指南针和印刷术，都在宋朝得到长足发展和应用，其中指南针更是与宋朝发达的航海技术相匹配，使其成为当时世界航海事业的佼佼者。

龙骨

巡逻的士兵

工人们忙于建造船只，厨师们也并不轻松，瞧，他们正忙着择菜呢！

有一位朝廷要员来到造船现场巡视，看着大家忙碌的样子，他似乎很满意。你能找到这位官员吗？　这个人打着哈欠坐起来，似乎刚刚睡醒，这个懒惰的家伙在哪儿？

"建造中的船只

忙碌的造船工人

你知道什么叫龙骨吗？它对于船只有多重要呢？快翻到第88页去寻找答案吧！

不好！有两个人在搬运木头的时候发生了意外，一个人的腿被压在了下面，快找到他！　有一个小队长正在给自己的队员安排工作，聪明的你发现他了吗？

47

为什么说宋朝是科技发展史上的黄金时代？

说起中国古代科技史，焦点往往在宋代。在中国历史上有大量的科技发明出现于宋代，相比于同时代的世界其他国家，领先了几百年。

宋代的造船技术也达到了登峰造极的程度，其造船规模、船只质量、造船数量都领先于当时世界上的其他国家。据记载，宋人驾驶着船尾装有方向锚的大型船只，通过指南针确定航行的方向，曾航行到埃及的港口。

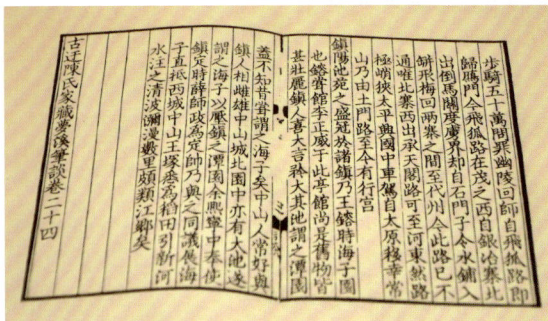

宋代还任用了许多具备科学知识的官员，其中，通才科学家沈括所著的《梦溪笔谈》被英国学者李约瑟誉为"中国科学史上的里程碑"。

《梦溪笔谈》书影

沈括（1031—1095年），浙江杭州人，北宋科学家。他一生致力于科学研究，在众多学科领域都有很深的造诣和卓越的成就，被誉为"中国整部科学史中最卓越的人物"。《宋史》说，沈括"博学善文，于天文、方志、律历、音乐、医药、卜算无所不通，皆有所论著"

北宋时期还出现了一种平衡舵，这种舵将一小部分舵面移到舵杆前面，这样能够缩小舵面的摆动力矩，使操纵更灵活轻便。《清明上河图》中就出现了平衡舵。

水密隔舱则是用隔舱板把船体严密分隔成若干个互不连通的舱室，既提高了船舶的抗沉性能，又增加了远航的安全性。古人制作水密隔舱是借鉴了竹子的结构，坚固而轻巧。由于水密隔舱的问世，中国船舶越造越大，航程越走越远，开始进入印度洋，并以坚固、抗风力强、安全性好而著称于世。如今，按照规范要求设置水密舱壁，早已是世界各国制造船舶必须遵守的准则。

龙骨是在船体的基底中央连接船首柱和船尾柱的一个纵向构件。宋代尖底船下设置贯通首尾的龙骨，用来支撑船身，使船只更坚固，同时吃水深，抗御风浪能力大大增强。

宋代造船技术先进在哪儿？

宋代大力发展造船业，技术提升很快，尤其是舵、水密隔舱、龙骨装置等，奠定了宋元代中国造船、航海技术世界领先的地位。

舵是操纵船舶航向的工具，经常设在船舶尾部，所以常称为"船尾舵"。宋代船舶大多使用长方形门舵。为了转舵省力，宋代造船工匠在舵面上打了许多孔，叫开孔舵。由于水的表面张力作用，舵面开孔不影响性能，却可以减小水的阻力。

泉州古船陈列馆展出的一艘宋朝古沉船
据中国水下考古中心的一项报告显示，仅中国南海海域的古代沉船，就不少于2000艘

知识拓展："南海一号"是怎么发现的？

20世纪80年代初，全球性的"海底寻宝热"不断升温。英国的海上探险和救捞公司通过查阅历史文献，获知荷兰东印度公司的一艘货船于1772年沉没于广东阳江附近海域。1987年，他们向中国有关部门提出，希望能合作打捞这艘沉船。经过种种努力，中英双方签订了合作打捞协议，广州海上救助打捞局承接了打捞业务。

1987年8月，正当打捞者们因苦寻无果而颇感失望的时候，却意外发现了一艘南宋时期的中国沉船，这一发现立即震惊了考古学界。这艘沉船后来被命名为"南海一号"。

从1998年到2004年，考古工作者对"南海一号"进行了多次水下勘查，采集到大批精美的文物。2007年，"南海一号"成功进行整体打捞，并被顺利移入"广东海上丝绸之路博物馆"的"水晶宫"中。

"南海一号"是迄今为止世界上已发现的海上沉船中年代最早、船体最大、保存最完整的远洋贸易商船，发掘出的文物及其考古价值足以与秦朝兵马俑、敦煌石窟壁画相媲美。

"南海一号"上打捞出来的宋代瓷器
宋朝是中国瓷器的第一个鼎盛时代，出现了定、钧、官、哥、汝五大名窑。与明清时期华丽的珐琅彩不同，宋瓷以优雅的单色釉著称，被不少瓷器爱好者奉为中华瓷器中的"大家闺秀"。据说，荷兰、葡萄牙人最早将瓷器贩运到欧洲时，卖价几乎与黄金相等

指南针和罗盘最早出现于宋代吗?

指南针的主要组成部分是一根装在轴上的磁针,磁针在天然磁场的作用下可以自由转动并保持在磁子午线的切线方向上,磁针的南极指向地理南极(磁场北极),利用这一性能可以辨别方向。

宋以前的航海指引,一般是凭天象、天体识别方向,夜以星星指路,日倚太阳辨向。至北宋时期,航海技术有了重大突破,已经能利用指南针航行。据北宋朱彧(yù)所撰的《萍洲可谈》记载:"舟师识地理,夜则观星,昼则观日,阴晦观指南针。"指南针的应用,在南宋时期进一步发展成罗盘形构,使用方便,读数容易,随着精确度不断提高,应用也越来越广泛,此时的水上航行,已逐步依靠指南针指示方向。

借助指南针、罗盘这些先进设备,宋朝的海外贸易明显超过了前代,成为当时世界上从事海外贸易的重要国家。

古代罗盘
如今对于罗盘的最早记载多认为是南宋淳熙年间进士曾三异的《同话录》:"地螺或有子午正针,或用子午丙壬间缝针……天地南北之正,当用子午,或谓江南地偏,难用子午之正,故丙壬参之。"其中"地螺"就表示"罗盘"

海上丝绸之路是如何兴盛的?

这还要从唐代说起。安史之乱后的唐代中后期,陆上丝绸之路因战乱受阻,加之同时期的经济重心已转到南方,唐朝的财政税赋和生活物资多依靠南方,而水路又远比陆路运量大、成本低、安全度高,于是便取代陆路成为中外贸易主通道,促进了航运技术的发展。

到了宋代以后,由于长安到罗马的丝绸之路要冲先后被吐蕃、西夏和回鹘占领,对外贸易只好走海路,以东南为盛。随之,海上丝绸之路代替陆上丝绸之路成为主要通道,由此诞生了一些明星港口城市——明州(宁波)、泉州、广州,而海外贸易也推动了造船和航海技术的发展。

宋代之后的元代是否延续了海运的辉煌?

元朝定都大都(今北京),北方人口大增,所需粮食要依赖南方运来,朝廷开始组织海运漕粮,南北漕运兴旺起来。

元朝十分重视航海事业,反复探索改进海上漕运,航道改过三次后,逐渐形成成熟的航路。元代远洋海船的形体构造、适航性能和装载能力为世界之冠。

"黄田港北水如天,万里风樯看贾船",这是宋元时期水上交通与水上贸易繁盛的真实写照。这一时期,船体不断增大,结构也更加合理,东南各省都建立了大批官方和民间的造船工场。航海技术的不断提高,令宋元时期的对外海上交通更加安全,航向更为准确,航行时间也大为缩短,促进了海上丝绸之路的发展。

中国军事博物馆馆藏的宋朝指南鱼
在宋仁宗时期,官方组织编写的我国历史上第一部官修兵书《武经总要》中,载有"指南鱼"的制造方法。它比司南灵敏、准确,使用起来比司南方便得多。这也是世界上利用磁场进行人工磁化的最早记录

宋朝的海外贸易圈到底有多大?

宋朝造船、航海技术的大发展,全面提升了商船的远航能力,宋朝与当时世界上六十多个国家有着直接的商贸往来。

宋朝同海外的联系比前代更广,地理概念也更加清晰,专门记载海外情况的著作就有《诸蕃图》《诸蕃志》《岭外代答》等。

中国商船的踪迹也更远了,近至朝鲜、日本,远达阿拉伯半岛和非洲东海岸。北宋中期以后,海外贸易一直是国家财政的重要收入来源。

"苏常熟，天下足"

　　唐朝后期开始，中国的经济重心不断南移。经过五代和北宋二百余年的持续发展，粮食生产出现了"苏常熟，天下足"的现象，并逐渐演变成"湖广熟，天下足"。江南地区生产的粮食成为国内主要的商品粮来源。

一个调皮的小女孩骑在了牛背上，想象着自己也能像经商的父亲一样去到很远很远的地方。她在哪儿呢？

货船

商船

马队

河面上除了络绎不绝的货船，还有外出办事的商船和客船，你能在画面中找到这两个相对而坐的商人吗？

货物都装上船了，有两个好伙伴愉快地聊起天来，你能找到这一幕吗？

想知道什么叫圩田吗？你会在后面的内容中看到详细的介绍！

商谈生意

有人来给辛苦劳作的人们送午饭了！可是看大家忙碌的样子，似乎连吃饭的时间都没有了！

糟糕！有两只动物似乎打起来了，而且难舍难分！它们在哪儿？

"苏常熟，天下足"说的是哪里？

苏，指苏州；常，指常州，苏常连称，泛指苏南一带。"苏常熟，天下足"这句话是说，苏州、常州生产的粮食不仅能满足本地需要，还有大量富余，可以保证中央政府的调拨并供应外地。

在南宋诗人陆游《常州奔牛闸记》中已出现"苏常熟，天下足"的说法。后来"苏常熟，天下足"演化成了"湖广熟，天下足"，以现在湖南、湖北为中心的长江中游平原取代苏常，成为全国商品粮的产地，表明了中国经济中心的不断南移。

保存至今的平江图碑，刻于1229年，是宋代平江城的一幅城市平面图，详细地描绘了城墙、城厢、平江府衙、平江军、吴县等军政府署以及纵横交错的河流、街道，还标识了300余座桥梁和近250座规模很大但形象不同的殿堂、寺观及建筑群等。《平江图》是我国现存最大最完整的碑刻地图，也是世界罕见的巨幅古代城市规划图，是世界地图史上的杰作，现藏于苏州市碑刻博物馆

江南的开发是从什么时候开始的？

江南意为长江之南，即今上海、浙江、江苏、安徽、江西等长江中下游以南地区。江南原本是未开化之地，东晋、南朝时期，北方人民不断南迁，为江南带去了先进的生产工具和生产技术，江南随之得以开发。

从唐朝后期开始，经济重心不断南移。随着人口的增加和农业生产的发展，南方特别是江南，在全国的经济地位越来越重要。

经过五代和北宋二百余年的持续发展，江南的农业生产在全国占有举足轻重的地位，当地生产的粮食成为国内主要的商品粮来源。

随着经济重心不断南移，江南地区也逐渐取代中原地区，到了北宋中期，江南经济已经成为全国经济的核心。

宋代农业的生产达到了什么水平？

宋代大兴水利，大面积开荒，又注重农具改进，农业发展迅速。在宋代出现了许多新型田地，例如梯田、圩（wéi）田、沙田、架田等，大幅增加了宋代的耕地面积。

新工具的出现和优良稻种（占城稻）的引进，也让农作物的产量大幅增长，长江流域和珠江流域农业更是发展迅速。南宋时，太湖地区的稻米产量居全国之首，成为宋代最主要的商品粮生产基地，农产品早已不再仅仅是自给自足，商品化程度越来越高。

宋代经济作物种植范围不断扩大，棉花盛行于闽、粤地区；茶叶遍及今苏、浙、皖、闽、赣、鄂等地；种桑养蚕的地区也在增加；甘蔗种植遍布苏、浙、闽、粤等省，糖已经成为广泛使用的食品……还出现了专营各种农产品和经济作物的农户及明显的地区行业分工。如此一来，更多农民也不再是自给自足，而是必须依赖商品流通才能生活。

伴随着宋代的城市发展，不仅大部分大、中城市不生产粮食，许多小的城镇甚至部分农村也不再生产粮食，居民基本都是靠商品粮生活。

北宋王居正《纺车图》

什么是"圩田"？

圩田，亦称"围田"，是沿江、濒海或滨湖地区筑堤围垦成的农田。其基本营造方法是在浅水沼泽地带或河湖淤滩上围堤筑坝，把田围在中间，把水挡在堤外，以此来改造低洼地，向湖争田。围内开沟渠，设涵闸，有排有灌，能防旱抗涝，常保丰收。

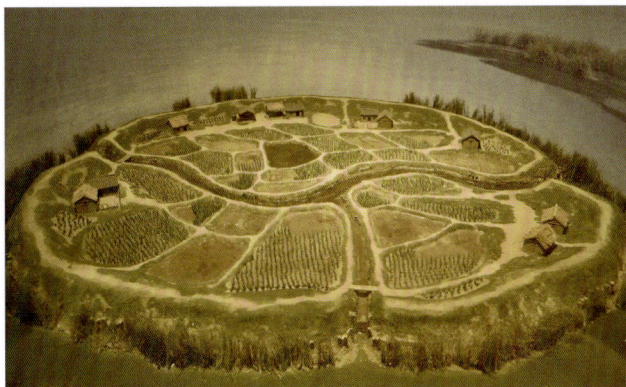

圩田起源于唐代以前，适应江南的地理环境，能种植高产的水稻。五代十国时期，南唐与吴越在各自境内大修圩田，每圩方圆数十里，如同大城。北宋时，圩田在南方进一步发展。

圩田这种垦殖形态其实利弊并存，过度开发也带来相应的环境问题。《宋会要辑稿》中用不少篇幅记载了南宋时期皖南地区世家大户愈演愈烈的盗湖围田之风，说明当时人们已经认识到当地水旱之灾"其弊在于围田"

占城稻是什么时候引进的？

占城稻，亦称"早占""早米""早占城"，以其原产地位于今越南中南部的占城为名，是高产、早熟、耐旱的稻种。

占城稻的传入和沿海对外贸易密不可分，闽商，尤其泉州商人有往海南岛、安南、占城贸易的传统，占城稻可能就是在五代到北宋初之间传入福建的。1012 年，宋真宗因江淮、两浙地区遇旱少水，遣使到福建取占城稻，多达三万斛（hú）（古代容器单位，一斛本为十斗，后改为五斗），分别在江淮以及两浙地区推广。

占城稻有很多特点，耐旱，适应性强，"不择地而生"，至南宋时，已培育出生长期相当短的早熟品种，种植范围进一步扩大，江南东、西路和两浙路（路为宋时行政区分，相当于今天的省）尤为盛行，成为长江流域最主要的粮食作物。

两宋富庶到了什么程度？

宋，这个长久以来被认为"积贫积弱"的朝代，实际是一个在经济、文化、科技等诸方面都极为发达的王朝。

历经唐末、五代百余年的动荡不安，加上疆域较之前严重缩水，宋初人口锐减，据《宋史》记载，即使到了立国 20 年后（980 年），全国也只有 3210 万人。然而，随着经济的发展和农业的进步，宋朝人口数开始激增，到了 1124 年，据历史学家保守估计，全国应该有 2340 万户 1.26 亿左右的人口，为之前历代王朝之最。

宋朝的富庶程度，在其征收的赋税数字上有着直观的体现。据史料记载，宋朝初年的岁入（国家一年财政收入的总和）为 1600 万缗（mín，用于成串的铜钱，每串 1000 文），到 1077 年时，岁入激增到 6000 多万缗，其中商业税占比高达七成左右。之后税收规模略有下降，但依然能保持年入 4800 万缗，当时的人均收入已经领先世界。

宋朝城市发展迅速，到北宋末年时，全国共有 46 座人口超 10 万的城市，包括大名、商丘、洛阳、苏州、泉州等地，北宋首都开封府、南宋都城临安府的人口规模更是达百万，城市内各行业勃兴，繁荣程度令世人惊叹。

浙江省博物馆展示的南宋临安府市井生活。临安府即今天的杭州，是南宋王朝的都城，也是当时江南人口最多、商业最繁华的地区

知识拓展：《农书》是一本什么样的书？

南宋陈旉（fū）所著《农书》，是我国第一部反映南方水田农事的专著，也是传流至今的第一部总结南方水田耕作、栽培技术的农书，反映了中国古代农业科学技术在宋朝达到的新水平，在农学史上地位极为重要。

全书共有 1.2 万余字，分上、中、下三卷，其中上卷篇幅就占了全书的三分之二，主要讲述水稻的种植技术，对高田、下田、坡地、葑（fēng）田、湖田与早田、晚田等不同类型田地的整治都有具体的操作指导；中卷讲述水牛的饲养管理、疾病防治，是现存古农书中第一次用专门的篇章来系统讨论耕牛的问题；下卷则讲述植桑种麻，其中特别推荐桑麻的套种，把蚕桑作为农书中的一个重点问题来处理，也是陈旉的一大首创。

此书后来不仅被收录进明朝的《永乐大典》，还被收录进清朝的《四库全书》，18 世纪时传入日本。

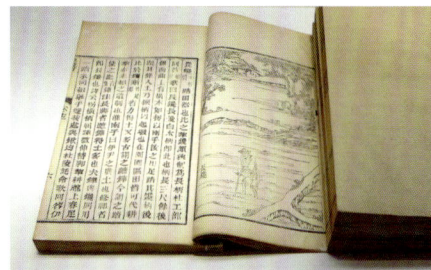

《农书》